9787530990438

中国当代藏书票丛书出版纪念

兰叶葳蕤桂华皎　植物芳菲

——陈瑀　沈泓　著

金城出版社
GOLD WALL PRESS

天津教育出版社

前　言

藏书票是贴在书的扉页或夹在书中表明藏书主人的标识，如用一句更简洁的话表述，藏书票就是代表藏书主人的标识。

艺术家通常采用木版、铜版、丝网版、石版等版画形式，创作各种美术图案的藏书票，署上"某某藏书""某某之书""某某爱书""某某珍藏"等字样，并印上国际通用的藏书票标志"Ex Libris"。作为小版画或微型版画，藏书票以其小巧玲珑、精美雅致的艺术性，被誉为"书中蝴蝶""纸上宝石""书中精灵""版画珍珠"等。

已故藏书票艺术大师杨可扬在《可扬藏书票》（上海人民美术出版社1994版）一书中，从艺术家的角度概括藏书票："藏书票是外来的艺术形式，是实用与审美结合、图像与文字并重的一种特殊艺术品。同时，藏书票属于小版画或微型版画的范畴，幅面不大，但小而精，有自己灵活多样的形式，更有精深丰富的内涵，方寸之间天地广阔。它是供读书、爱书、藏书者使用的一种标志，也是书籍的一种美化装饰。"

杨可扬的这段话说明了藏书票的特点、形式和功能。

藏书票的构成有三个基本要素，一是图画，二是要有"Ex Libris"拉丁文标志，三是要有票主姓名，即"XX藏书""XX书票""XX的书"等。根据国际藏书票参展参赛要求，藏书票必须标明"Ex Libris"一词，有时还要标明"XX藏书"。

藏书票的功能是表明书的主人，在功能上，藏书票和古代藏书章一样，只不过藏书章是盖在书上，藏书票是粘贴在扉页或夹在书中。它们皆为藏书的标志，均表明藏书的主人。

藏书票从20世纪初在中国出现，20世纪80年代在中国兴起，20世纪末至今蓬勃发展，得到越来越多读书人的青睐，也受到众多藏家的追捧。

藏书票的收藏价值首先是由其艺术价值决定的，每一张藏书票都是一幅画，富有隽永的艺术魅力；其次，藏书票题材广泛，内容丰富，包罗万象，蕴涵丰富；再次，藏书票是艺术家亲手刻印的版画原作，印量极少，一般只印10幅到100幅，多则不过200幅，物以稀为贵。此外，藏书票票幅小，犹如一张邮票小型张，易于收集，易于保存，因此越来越多的收藏爱好者视其为收藏珍品。

作为舶来品，藏书票在中国只有大约110年的历史，经受战乱、时局等影响，只有极少数版画艺术家和知识分子接触过藏书票，直到改革开放新时期，藏书票才枯木逢春，逐渐复苏并迅速发展。

由于藏书票是新生事物，一切都在探索和发展中，很多方面都没有形成定式。如藏书票的命名就没有一定之规，即使同一个作者对同一张图，也常有两种命名。通常情况下藏书票的命名有三种方式：以票主命名，如"XX藏书"；以画面主题或题材命名，如"仙人掌"；作者自己写了题名。原则上一般首选作者写的题名，但为保持藏书票命名的统一，本书主要采用票主命名的方式进行命名，创作年份不详的不标注。

藏书票是一个珍珠闪烁、宝石耀眼、蝴蝶翩飞、五彩缤纷的世界，愿"书中蝴蝶：中国当代藏书票"丛书带您走进这个绚丽而神奇的世界。

目录 | CONTENTS

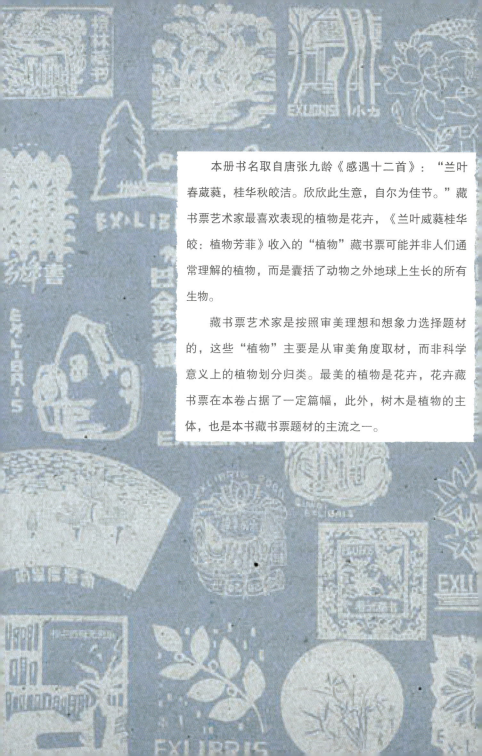

　　本册书名取自唐张九龄《感遇十二首》："兰叶春葳蕤，桂华秋皎洁。欣欣此生意，自尔为佳节。"藏书票艺术家最喜欢表现的植物是花卉，《兰叶葳蕤桂华皎：植物芳菲》收入的"植物"藏书票可能并非人们通常理解的植物，而是囊括了动物之外地球上生长的所有生物。

　　藏书票艺术家是按照审美理想和想象力选择题材的，这些"植物"主要是从审美角度取材，而非科学意义上的植物划分归类。最美的植物是花卉，花卉藏书票在本卷占据了一定篇幅，此外，树木是植物的主体，也是本书藏书票题材的主流之一。

力群：菜花黄了

像星星一样深邃，像泥土一样芳香。

在清朗的夜里，她诗一般地生长。

没有风，听不到一丝丝的声音。

在如此神奇的梦境里，夜的深处，我们听到一首动人
的儿歌——菜花黄了，菜花黄了。

◆ 菜花

力群1987年作

菜花　　　　　　　力群1987年作

杨可扬：青青的翠竹

参天的楠竹，伟岸挺拔，摇曳生姿。

这是青青的翠竹，象征着作家巴金不老的青春和鲜活的创作生命；

这是虚心的竹子，代表着巴金的虚怀若谷和不竭的求知欲；

这劲节奇挺的竹竿，展示了巴金高贵的人格；

这是巴金的故乡——四川的竹子，充满了巴金对故土的依恋。

巴金的作品就像这翠竹一样，它植根于大地母亲，从大地中不断吸取养分，创造出真实感人的形象。它源于大地，又回报大地，为人间带来青春的颜色和美好。

杨可扬的《巴金珍藏》藏书票中，竹林下那个背着背篓的匆匆独行者，莫不就是巴金形象的写照？

背篓中满满的收获，莫不是从竹海中采撷来的丰富而鲜活的素材？这负重的身影，使得我们不禁要对他喊一声：多多保重，该歇歇了！

而他不倦地创造着，在黄昏金色的夕照中，一部厚厚的《随想录》又以真实声音和犀利文笔，再惊天下，使人知道了什么是真正的宝刀不老。

他没有停歇，一个人倔强前行。然而，他并不孤独，有天上的小鸟伴他向前，有思想的翅膀带着他远行。

◆ 巴金珍藏

杨可扬1988年作

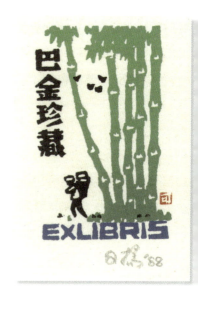

过了许久许久，我们都不能忘怀那小小的身影。

或许，只有在高耸入云的竹子下，在充满乡土气息的大地之上，我们才能感受到，那不知疲倦地跋涉着的小小身影的伟大。

藏书票的创作和交流向来是文人间的闲情逸致，至今笔者都不知道巴金如何评价这张藏书票，但透过这张书票，我们可以看到与巴金同居一城的可扬饱含深情的目光。

小小书票，寄寓深挚的友情，深深扣动我们的心弦。

这张《巴金珍藏》藏书票是藏书票艺术大师杨可扬于1988年创作的。

一半是红色一半是黑色，新世纪充满新希望，上海浦东电视塔像是带着人们对未来的憧憬直指云霄，而上海市花白玉兰在黑暗中次第开放，展向红色的未来。

杨可扬的《新世纪藏书》藏书票表达了人类共同的梦想和愿望。简洁中蕴藏着丰富，意蕴深远。

◆ **新世纪藏书**

赵志方：神奇的木刻刀

赵志方的《富昌之书》构图优雅，阴刻和阳刻巧妙交织，刀法刚劲，技法老到，呈现出真正的大家气象。

赵志方在1998年创作的《双花》争奇斗艳，春意浓郁，以细腻的线条写实地表现了花叶的茎脉，粉红色的花蕾和淡淡的底色使人宛如置身于淡淡的馨香中。柔美中有一种康健之气，表现了画家积极热情的生活态度。

赵志方作　　　　　　　　　　赵志方1998年作

赵志方创作的花鸟、瓜果和植物作品，多从小处着眼，一朵花，一个南瓜，他都能用神奇的木刻刀发掘出盎然生机和情趣。

赵志方以他擅长的版画和国画做基础，在藏书票的创作中，注重单线阳刻，多为木版水印。他创作的花鸟和植物题材的藏书票，被人们称为水印套色的花鸟版画，有的朋友干脆称他的藏书票是国画小品。

◆ **西羊之书**　　　　　　　　◆ **齐秋藏书**

赵志方作　　　　　　　　　　赵志方作

沈延祥：诗意的树

　　树是沈延祥最喜欢表现的题材，他将树置于广袤的背景，表现出了树的生命和传奇。

　　或接天绿色郁郁葱葱，或瘦骨萧瑟秋高气爽，或漫天飞雪中迎风傲立；或老树枯枝，或细叶纤干……

　　沈延祥眼中的树，是富有生命力的树，是诗意的树，庄严而美丽。

◆ 惠公藏书　　　　　◆ 永佳之书（一）

沈延祥1987年作　　　　沈延祥1995年作

◆ 永佳之书（二）

◆ 马里奥·德·菲利普之书

沈延祥1995年作

沈延祥1995年作

◆ **志扬之书**   ◆ **太阳与树**

沈延祥1995年作   沈延祥1995年作

从1987年到2004年，沈延祥创作了一组组表现树的藏书票，笔者收藏的就有近30张，尤以2003年创作的为多，其艺术表现细腻而丰富，有一种宏阔大度的气韵。

这气韵是通过色彩表现出来的。沈延祥注重色彩的层次感，在一主色调的展开中呈现出有规律的色调变化，大多是由深色向上展开，由冷至暖，越来越明亮。

这种明暗的变化就如音乐的旋律，有节奏地抒情，浪漫而诗意，既壮阔苍茫，又隽永优雅。沈延祥读中央美院时的老同学陈雅丹为此专门撰文《霞光中的大树》，发表在2013年10月18日《北京青年报》"藏书票新话"中，评论沈延祥的树题材藏书票："这些树大度、从容地耸立在大地上，伸展着挺拔的枝条，尽情沐浴在灿烂温暖的霞光中。它们亲切、平和，毫不矫情，饱含着生命的内在美，使人看后心里充满阳光。"

兰叶藏蕤桂华胶：植物芳菲

◆ 吾八书房之书   ◆ 铃木纪子之书

沈延祥1996年作   沈延祥1997年作

◆ 木版基金会藏书　　　◆ 于江拜

沈延祥2001年作　　　　沈延祥2003年作

◆ 延祥藏书（一）　　◆ 延祥藏书（二）

沈延祥2001年作　　沈延祥2003年作

　　陈雅丹描述沈延祥创作树的情节："沈延祥喜欢树，尤喜大树。因为藏书票的工作，他住在我所在的部队大院时，每天起得很早，满大院地溜达，发现了大树就特别兴奋，把它们记录下来。"

　　这组以树为题材的藏书票，正是沈延祥记录的结果。这是写实的树，同时又是代表他的愿望和理想的树，处旷漠荒野而不屈、冰天雪地而不凋，顽强地向天空伸展，体现出一种精神品质。

◆ **延祥藏书（三）**　　　　　　　　◆ **于江藏书**

沈延祥2003年作　　　　　　　　沈延祥2003年作

　　这两张藏书票都创作于1993年，题材、构图和风格一致，一气呵成，属于同一系列的组票。

　　其中一张票主为内田，一张票主为鸿鸿。内田是位日本友人，鸿鸿是沈延祥孩子的同班同学。

　　这组藏书票取材于水仙花、兰草等文人雅士喜欢的花草。淡雅的构图，让我们想到古代文人花笺上美丽的花草图案。

　　对待这些娇贵的花草，沈延祥的处理方式是大量留白。取其一朵或一束，以宽阔的空间，凸显其高洁雅致。在留白中我们似乎能闻到一缕缕不绝的清香。

◆ 内田藏书　　　　　　　　　　　◆ 鸿鸿珍之

沈延祥1993年作　　　　　　　　　沈延祥1993年作

树题材的藏书票表现的是地上植物的生命，一种植物生长的浪漫，而这张藏书票表现的是海底植物的浪漫。

一丛丛海藻在海水中漂荡，6只海星在海水中漂浮上升。S形海藻的柔美，和尖角海星的硬朗形成对照，刚柔相济。梦幻般的意境，充满希望的信念，在这张《石坚藏书》中表现得摇曳生姿。

在第一届天津市藏书票暨小版画展上，时任天津市人大常委会副主任、《天津日报》原总编石坚对藏书票非常喜欢。他让秘书找到沈延祥，秘书说石坚很喜欢他做的彩色铜版藏书票，能不能为他做藏书票。沈延祥当场答应下来，很快做好三款，各印100张，通过《天津日报》送给了石坚。

沈延祥1987年作

杨涵：一花一草透灵性

杨涵的花草如水波荡漾，生机勃勃，得古人笔意；其花卉一叶一瓣都富有茂盛的生命力。杨涵的黑白木刻花草，赋予一花一草以灵性和生命，形象生动、鲜明，表现有力，有高超的艺术技巧和丰富的艺术魅力。

杨涵还有取材竹子的藏书票，枝挺叶劲，得板桥画竹的风骨。

杨涵在20世纪80年代就涉足藏书票创作，是最早参加"首届全国藏书票展"的前辈艺术家之一。他的藏书票作品多以古代人物为题材，其生动传神、朴素写真、醇厚豪放、古拙高雅的艺术特色，颇具感染力和吸引力，其植物藏书票也深受人们的喜爱。

◆ 花卉　　　　　　　　　　　◆ 竹子

杨涵1995年作　　　　　　　　　杨涵1987年作

张家瑞：灿烂的生命力

　　张家瑞在1985年为著名儿童文学作家严文井创作了两

张藏书票。金色的树叶，寓意老作家硕果累累，春华秋实，

迎来了灿烂的生命之秋。这是新时期较早的藏书票珍品。

◆ **文井藏书（一）**   ◆ **文井藏书（二）**

张家瑞 1985年作   张家瑞 1985年作

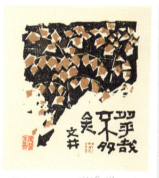 

"岁寒，然后知松柏之后凋也。"这是《论语·子罕》中的一句名言。孔子的意思是说，到了一年之中最寒冷的季节，才知道松树和柏树是最后凋谢的。后来的引申义为：在艰苦的环境中，或在污浊的社会中，才知道谁是真正的君子。

张家瑞将孔子的这句话引用到《青溪书屋》藏书票上，画中绘一棵松树，一棵古柏树，雪覆松柏，枝干挺立，很好地表现了松柏不畏严寒的坚韧。松柏画面是浅色的，再以浓墨将邵华泽（《人民日报》原社长）的书法"岁寒松柏"置于前，书画合一，相得益彰。

◆ 青溪书屋

张家瑞2002年作

刘晓东：生生不息的精神

　　让我们来欣赏疏密相间的水仙花吧！一束水仙本可以是疏朗的，如果太疏朗会显得太清高太孤傲，再上下装饰粗细相间的横线和断断续续的竖细纹，错落布局几个文字，有中文有拉丁文，有圆框有方框的文字，使方寸画面灵动，富于变化。

　　文字是必需的，陪伴水仙的清雅而不至过于清高寂寞，因此水仙可以肆意绽放，一缕缕幽香在画中弥散，在空中吐露芬芳，一切都显得恰到好处。

◆ **世俊藏书**

刘晓东作

《绿叶》《贺十届全国书票展》这两张藏书票都是表现树叶的，构图风格在疏与密的处理上截然不同。同样是表现绿叶，一张疏可跑马，一张密不透风。疏有疏的哲学——知黑守白，无声胜有声；密有密的美学——繁复错杂，生生不息。

人们常说，简洁与留白是最高的审美境界，如果看了这两张藏书票，你或许会发出这样的感慨：哦，疏与密的较量其实没有胜者，只有风格的差异。

在技法上，上述三张藏书票是不同的。《世俊藏书》采用石刻技法，《绿叶》和《贺十届全国书票展》采用木刻技法。顾名思义，《贺十届全国书票展》是刘晓东为祝贺第十届全国藏书票展开幕而创作的。

◆ 绿叶 　　　　　　　◆ 贺十届全国书票展

刘晓东作 　　　　　　　刘晓东作

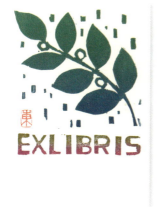

　　《奋进》套色木刻藏书票是刘晓东于2008年创作的，表现骑车人（或自行车比赛运动员）顶着狂风奋勇向前的画面。虽表现的是奋进的主题，但画面主体并非人物，而是几棵顶天立地的大树。大树在狂风中被吹弯了腰，树冠几乎被吹弯到地面上，说明飓风之猛烈。正是这样的背景，衬托出骑车人不折不挠，拼力向前。

　　这张藏书票的主题积极昂扬，让我们想到一些充满正能量的词，如疾风知劲草、逆水行舟用力撑等等，表现了一种顽强拼搏的进取精神。这种精神是人生不断进步走向辉煌的动力，也是这些年来中国突飞猛进繁荣发展的动力，更是中华崛起的民族精神的生动写照。

◆ **奋进**

刘晓东2008年作

　　《雨打芭蕉》藏书票是春意盎然的绿色调，无论是在雨中，还是在阳光下，都迸发出大自然自身的蓬勃生命力。

　　花卉是闲情逸致的观赏物。刘晓东的《向阳喇叭》藏书票，一如他的藏书票创作一贯的风格，表现了枝蔓缠绕、茁然茂盛的喇叭花，文雅中洋溢着清新刚健的力度美。

◆ 雨打芭蕉　　　　　　　　◆ 向阳喇叭

刘晓东2021年作　　　　　　刘晓东作

《速递》巧妙地将当代生活中新诞生的词汇应用到藏书票中，速递的不是我们日常收寄的普通商品。飞鸟衔着的信函上，写着藏书票的拉丁文，它寄托着刘晓东对"书中蝴蝶"藏书票的热爱和希冀，他希望将藏书票这一承载文化内涵的艺术品速递到千家万户。

速递员在大街小巷中穿梭，如果速递的也有抽象的精神文化该有多好啊！

或许，这正是刘晓东创作这张藏书票的灵感。

《比翼》和《速递》表现的都是飞翔的鸟儿，属于飞禽题材；同时，占据画面大部的是植物，亦可归入植物题材。

其实，两只鸟儿的翅膀一上一下，并不同步，然而构图巧思就在这一上一下间。错落间，艺术之美的灵气就生动起来了。

画家突出表现了疾风劲吹迎风而舞的速度感，这速度感是通过风吹芦苇向后倾斜、飘拂的芦苇叶虚化处理来表现。还有布满画面若断若续的横线，使飞翔的鸟儿犹如移动镜头中的特写一样，富有虚实动感。《比翼》这张藏书票表现了逆风而行的顽强、比翼双飞的坚贞。

◆ **速递**

◆ **比翼**

刘晓东作

刘晓东作

杨春华：莲蓬花瓣褪尽

　　杨春华的《春华》线条精细，柔中有刚。从这张藏书票可以看出，杨春华藏书票艺术已经形成了自己独有的风格面貌，用刀用墨随意灵动，洒脱自如，设色淡雅而丰富，造型精妙，高度概括，在稚拙气中，散发出一股潇洒、烂漫的气息。

　　以花丛配饰腾龙，是很少见的构图。杨春华的作品不是靠经营和理性的安排取胜，而更多依赖于直觉和天性，这使得她的作品当中呈现出更多偶然性、随机性的因素，反而显得更加鲜活。

　　《一清书屋》龙年藏书票采用木刻制作，刀法老到，技法纯熟，大巧若拙，色彩淡雅，风格独特，有大家气象。

◆ 春华　　　　　　　　　　　　　　◆ 一清书屋

杨春华的这张藏书票中，莲蓬花瓣褪尽，莲梗清高而孤傲，透出饱满蓬勃的生命力。

这枚为日本友人制作的单色木刻藏书票一如杨春华惯常的风格，刀法老辣而锐利。

◆ 平山书屋

杨春华1999年作

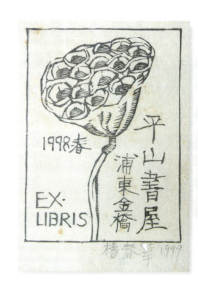

姜琳：绝版木刻的极致追求

　　花卉题材为广大收藏爱好者喜爱，尤其受到集邮爱好者追捧，其中1960年发行的18枚一套的《菊花》，1964年发行的15枚一套的《牡丹》，1979年发行的10枚一套的《云南山茶花》，这些花卉邮票经典，已成集邮者的至爱。

　　生活在花卉之乡云南的姜琳，画云南山茶花，画牡丹、玫瑰、月季、荷花、菊花、郁金香、君子兰、蝴蝶兰、仙客来、仙人掌花……百花齐放，他几乎刻画过所有的观赏花卉，从笔者收藏他的花卉藏书票编号看，仅2018年，他创作的"花卉"系列藏书票就多达40张！

　　这些花卉藏书票一张张展开，如同系列花卉邮票一样绚丽，一样夺目，其精致细腻的艺术表现力，足以和花卉邮票媲美，且有过之而无不及。

　　难能可贵的是，姜琳的40张"花卉"系列藏书票，全部采用绝版木刻油印技法。所谓"绝版木刻"，顾名思义就是一次雕刻，一次性印刷后不能重印的木版画，它以严格的技法流程限定了版画印量，大大提升了木版画的收藏价值。

◆ 花卉（一）　　　　　　　　◆ 花卉（二）

姜琳2018年作　　　　　　　　姜琳2018年作

绝版木刻是艺术家仅用一块木版进行多版雕刻，第一版印制后，再进行第二版创作刻版，毁去第一版形的部分。一种颜色雕一次版，每印一次，都要再雕刻一次，以此类推，多版套印。绝版木刻作品始终只能印在前版印成品图画上，也就是说，第一版就已限定了作品的印量。作品全部印完后，不可再生，因此绝版木刻具有珍稀价值。

姜琳的"花卉"系列藏书票，就是采用这一绝版技法完成。这些原创的花卉作品，犹如花卉邮票系列一样，琳琅满目，美不胜收，极具观赏性，具有很高的艺术价值、审美价值和收藏价值。

◆ 花卉（三）　　　　　◆ 花卉（四）

姜琳2018年作　　　　　姜琳2018年作

◆ 花卉（五）　　　　◆ 花卉（六）

姜琳2018年作　　　　姜琳2018年作

◆ 花卉（七）　　　　　　◆ 花卉（八）

姜琳2018年作　　　　　　姜琳2018年作

　　这十张一组的花卉藏书票与前组有不同之处：每一张上面都刻印有花卉的名称，它们分别是：菊花、菊花芍药、葵花玫瑰、虞美人、杜鹃、水仙、兰花、茶花。

　　这些花卉主要是居家盆栽花卉。姜琳多将花卉置于富有装饰性的传统窗框前，使花卉有了一个雅致的如文人书房的背景。静态的窗框和怒放的生命形成对应，衬托出花卉的苗然生机，在柔美中，呈现清新刚键的精神气韵。

　　姜琳雕刻技法炉火纯青，游刃有余。在雕刻过程中精益求精，对细节绝不马虎。在阴与阳、明与暗、柔与刚、力与美的交融互动中，画面始终洋溢着一种力透纸背的积极、乐观，以蓬勃生命力给人带来审美愉悦，充满正能量。这是姜琳的版画藏书票一以贯之的艺术魅力所在。

◆ 花卉（九）   ◆ 花卉（十）

姜琳2018年作   姜琳2018年作

◆ 花卉（十一）

◆ 花卉（十二）

姜琳2018年作

姜琳2018年作

◆ 花卉（十三）

◆ 花卉（十四）

姜琳2018年作　　　　　　　　　　　姜琳2018年作

◆ 花卉（十五）　　　　　◆ 花卉（十六）

◆ 花卉（十七）　　◆ 花卉（十八）

姜琳2018年作　　　　　　　　姜琳2018年作

这组以"荷花"为题材的系列藏书票，全部采用扇面构图。

扇画是古代文人墨客喜欢的绘画形式，早期扇画为圆形，传说宋徽宗自作扇画，宋代宫廷画家于是画扇成风。当时的扇画为纨扇，折扇画应起于明代。

姜琳的藏书票采用的就是典型的折扇造型，扇面上宽下窄，呈扇形。受形式的限制，画家要"戴着镣铐跳舞"，在特定的扇形空间精思巧构。姜琳多取三四朵荷花，新蕾熟花次第开放，间有一个莲蓬、一只小鸟……

画什么是既定的，关键是怎么画。这组藏书票的出彩之处正在于怎么画。

首先，姜琳采取了具象和抽象结合的方法，荷花是具象的，鸟儿是具象的，背景荷叶是抽象的，圆形的荷叶在这里变成了长方形。

其次，在技法上，姜琳采取密集的有规律的并列斜线双向交叉刻画，构成无数细密小方格，可见仰韶文化半坡彩陶的纹饰特征。通过黑色和黄色颜料深浅的变化，让无数同向长方形呈现光影错落的变化。

此二者的结合，形成了既古典又现代、传统与新锐交汇交融的艺术特色，这是姜琳荷花版画的创新和有价值的尝试。

◆宋恩厚藏书（一）　　　◆宋恩厚藏书（二）

姜琳2019年作　　　　　　姜琳2019年作

其中1张刻"书间精灵"。"书间精灵"和"书中蝴蝶""纸上宝石"一样，都是藏书票的雅称，这里作为这套同一票主藏书票的封面。其他6张藏书票主均为宋恩厚。

宋恩厚是自学成才的工人画家，曾任中国工业版画研究院院长、湖北省版画家协会会长、中国藏书票协会副会长等。

古代画家多以扇画赠送好友和师长，雅意无限。姜琳以扇形藏书票赠送宋恩厚，是对老一辈艺术家的致敬，也是友谊象征，以荷花入画，正是对宋恩厚德艺双馨高洁人格的比喻和赞赏。

◆ 宋恩厚藏书（三）　　　　　　　　◆ 书间精灵

姜琳2019年作　　　　　　　　　　　姜琳2019年作

丁立松：清高傲骨是其枝

　　在线装书的竖线条之上，犹如一方窗口打开，一枝梅花，几个茶杯，几本书，丁立松的梅花藏书票构图布局雅致，散发着淡淡的书香。

　　丁立松创作的梅花，采取古籍书页的造型构图，上半部分像一扇打开的窗户，案上梅瓶插一枝梅花，桌上放着一本书，古雅别致，富有深厚而浓郁的文化气息。

　　丁立松喜欢梅花，因为他自身的品格就像梅花，清高傲骨，凌寒绽放。

◆ 阿年藏书　　　　　　　　　　　◆ 维康之书

丁立松2000年作　　　　　　　　　丁立松2000年作

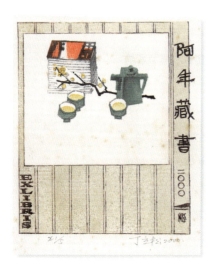

　　《立松存书》是丁立松于1990年创作的一张藏书票。谈到这张藏书票的创作背景，他动情地说："我生于20世纪30年代，经历了太多的曲折磨难。进入20世纪80年代，迎来了改革开放的大好时光，祖国现代化建设步伐的加快和经济繁荣发展的大好局面，催人奋进。广大知识分子备受鼓舞，如饥似渴、争分夺秒地读书求知，努力把过去丢失的时光抢回来，以便更好地适应时代，奋发图强，建设祖国。在这样的背景下，我刻制了这枚《立松存书》藏书票激励自己。"

　　一摞书籍，一块山石，一盆水仙，一盏台灯，台灯散发淡黄色的温馨灯光，洁白的水仙花在暗夜中绽放，漫溢缕缕沁人肺腑的幽香，正是静心读书做学问的好时光。《立松存书》藏书票，保存和记录了20世纪90年代初崇尚知识、酷爱读书、振兴中华的时代精神。

◆ **立松存书**

丁立松1990年作

"春夏秋冬"四季藏书票，以四位著名作家散文或小说中的描述为情景，分别表现了春、夏、秋、冬四季风景。每张藏书票都以植物的四时变化，准确表现四季季候。

这组四季藏书票中，主色调的选择和安排是有讲究的，春天的色彩基调是红色，夏天的色彩基调是绿色，秋天的色彩基调是黄色，冬天的色彩基调是黑白色。

藏书票《朱自清〈春〉》表现了古都北京万物萌动、姹紫嫣红、欣欣向荣的春天景象，描摹出朱自清散文中所写的："桃树，杏树，梨树，你不让我，我不让你，都开满了花赶趟儿。红的像火，粉的像霞，白的像雪。花里带着甜味；闭了眼，树上仿佛已经满是桃儿，杏儿，梨儿。"

散文《春》写于1932年8月，朱自清漫游欧洲回国后，发表于1933年7月。朱自清在文中没有写到古建筑，丁立松创造性地将北海公园的白塔等古建融入大自然图画中，使得春天的花儿有了更深厚的人文背景。古建和花卉林木相得益彰，欣赏这张藏书票，我们更直观地感受到了朱自清欢悦的心境和文中赏心悦目的意境："春天像刚落地的娃娃，从头到脚都是新的，它生长着。春天像小姑娘，花枝招展的，笑着走着。"

◆ 朱自清《春》

丁立松2020年作

　　夏天是热烈的，藏书票中的夏天绿树成荫，绿植葳蕤，连池水都被染绿了。

　　王蒙《苏州赋》写得意象纷呈，内容庞杂，不像朱自清《春》那么单纯，以一张小画表现，更难。丁立松化繁为简，将苏州之夏框定在一座园林中，画面以绿色为主色调，绿树掩映中的园林建筑白墙黑瓦，池塘边上的古亭翘檐挂一串红灯笼，万绿丛中一点红，就可将人的眼睛点亮；而这张藏书票也恰似万般景象一片绿一样，这片绿是苏州的概括，也是王蒙文字的形象化提炼。

　　《王蒙〈苏州赋〉·夏》中并未具体描绘某一园林，也没有关于苏州树木植物的描写，甚至并未提及夏天。这张藏书票是丁立松的自由想象和创造，充满睿智。

◆ 王蒙《苏州赋》·夏

丁立松2020年作

　　藏书票《鲁迅〈故乡〉·秋》表现了金秋时节鲁迅的故乡绍兴水乡古镇，小河边的黄花仍在开着，河畔人家是江南民居，河上有人驾着一只小船，远处是一座小桥。鲁迅小说《故乡》中并没有对这些景物和色彩的描述，只有："瓦楞上许多枯草的断茎当风抖着""深蓝的天空中挂着一轮金黄的圆月"。丁立松按照自己的想象刻画鲁迅的故乡，这是故乡秋天如今的模样，是艺术提炼和升华了的故乡。

◆ 鲁迅《故乡》·秋

丁立松2020年作

冬天的树枝光秃秃。雪景、光秃秃的树枝，有了这两样，冬天的气息就已然浓郁了。济南很大，按照老舍写的："古老的济南，城里那么狭窄，城外又那么宽敞，山坡上卧着些小村庄，小村庄的房顶上卧着点雪"，这似乎是描绘济南全景可选的构图。然而，小小的一张藏书票，容纳不了如此浩大的场景。丁立松选取济南大明湖一角，古亭枯树，远山近水，济南的冬天便跃然纸上。

画面贴合老舍《济南的冬天》中的描写："最妙的是下点小雪呀。看吧，山上的矮松越发的青黑，树尖上顶着一髻儿白花。"画上淡淡的蓝色，吻合老舍的描述："空中，半空中，天上，自上而下全是那么清亮，那么蓝汪汪的，整个的是块空灵的蓝水晶。"

画面下部水中散布残荷的枯梗，进一步渲染出冬的季候，枯梗和藏书票拉丁文名称及票主名称交杂，已分不清哪里是图，哪里是文。这正是丁立松的妙笔之处。

"春夏秋冬"四季藏书票的票主是孟兆印。孟兆印是山东莱芜最大民营书店——三味书屋的创始人，他嗜书如命，酷爱藏书票，也是藏书票收藏家。

◆ 老舍《济南的冬天》

丁立松2020年作

　　《晓色》等5张藏书票表现的都是雪景中的树，这些
树或一枝，或一丛，或一片，姿态各异，皆与雪中建筑和
物象和谐相配。而黑色的枝干和枝干上洁白积雪的刻画，
色彩的对比与协调，色调的深浅过渡，干湿浓淡、枯润洇
化的处理，皆显示出丁立松技法的娴熟老到。如《晓色》
的树枝，淋漓水墨的背景，更衬托出刀痕版迹，既有水墨
氤氲的效果，又有软硬结合、虚实相生相济的灵气。

◆ **晓色**

丁立松2012年作

从这几张雪景藏书票看，丁立松水印木刻藏书票的重要特点是水印颜色的渐变，颜色由深到浅，利用空白，产生硬软对比的艺术效果，这就是"化"。

丁立松对笔者说："大版画好化，藏书票画幅小，空白少，不能'化'，一'化'就没有了，所以别人不敢'化'出来，我就是要追求这个'化'，要花时间做，要控制，反复试验，最终收到这个比较满意的效果。"

韵味是所有艺术家追求的。丁立松的藏书票都富有韵味，但丁立松不仅仅满足于韵味，他更强调的是"印味"，这也是他的水印木刻藏书票成功秘诀之一。

◆ **寒冬**　　　　　　　　　　◆ **子敬藏书**

丁立松2012年作　　　　　　　　丁立松2008年作

◆ 立松藏书（一）

丁立松2008年作

◆ 立松藏书（二）

丁立松2008年作

郑震：传统美学意境

在《郑震藏书（一）》中，郑震以木刻形式，表现了树的茁壮，刀法老辣苍劲，诗意横溢，婀娜多姿。艺术风格追求传统美学里的意境，达到诗画交融。

《郑震藏书（二）》表现了山脚下的小河畔，挺拔的白桦林茂盛生长，斑斑点点的蓝色和淡蓝色，营造出朦胧而爽远的意境。郑震的这枚藏书票通过小河中山和树的倒影，给人以幽秘的意趣。

◆ 郑震藏书（一）　　　　　　◆ 郑震藏书（二）

郑震1992年作　　　　　　　　郑震1992年作

《郑震藏书（三）》中，郑震刻画的盆栽植物犹如郑板桥的竹，线条随意挥洒，文气中带有强悍，柔美中带有刚劲，英气勃勃，具有自己的独特风格。

◆ 郑震藏书（三）

郑震1993年作

莫测：国画手法

《莫平藏书》寄寓了对下一代的殷切期望，祝愿小树在风雨中茁壮成长。

水是莫测创作的主流题材，同时他的题材还涉及风景、山乡、田野和植物等。莫测善于将树木和风景融为一体，这几张有关树的藏书票各具特色，木刻造成国画的效果。

◆ 莫平藏书   ◆ 高瑛藏书

莫测1998年作   莫测1983年作

董其中：最好的乡土风景

　　董其中的《马烽藏书》以北方的高粱茁壮成长为主题，表现了马烽春华秋实的人生和人格魅力；画面上的高粱也是马烽小说中常见的场景，贴切交代了马烽作品的地域背景，富有浓郁的乡土气息。

◆ 马烽藏书

董其中1996年作

丁金胜：书香四季

"书香四季"系列藏书票采取中国传统书画四条屏的形式，以春夏秋冬四季景色，衬托一种花卉植物，表现了文人书房的清雅环境。藏书票画面中的书并不多，但书房、书院中书香的气氛营造十分浓郁。

《书香四季·春》：并未刻画杂花生树草长莺飞的春天景色，而是以书房窗前书桌上一盆水仙，点染出冬去春来的初春气息。木雕窗花透出古典的雅意，尽管看不到窗外春天的风景，但满窗淡淡的绿色已透出春的信息。初春乍暖还寒，文人多在书房内活动，此票无书，桌上一盘未下完的棋，带来文人的书卷气。下棋人哪里去了呢？或到户外赏春去了吧！

《书香四季·夏》：依然是古典的木雕窗花，只刻了半扇窗，打开另半扇窗，是为了更清晰地欣赏和感受窗外荷塘清风。荷花花瓣悠然飘荡，飘进窗里，飘进青花瓶里……粉红色的花瓣与蓝色的青花瓷相映成趣。

《书香四季·秋》：这张藏书票表现的不是书房，而是院落中的柿子树。秋天是丰收的季节，沉甸甸的柿子挂满枝头，3颗柿子掉落石桌上，石桌上的青花瓷茶具和蓝

◆ 书香四季·春　　　　　　　　　◆ 书香四季·夏

丁金胜2012年作　　　　　　　　丁金胜2012年作

色印花布帘，与红色的柿子形成对应，色彩的搭配在差异中显得更加明悦夺目。

《书香四季·冬》：冬景不在多，只需一剪梅。梅花是冬天开放的花，傲霜凌雪，因此受到文人喜爱。蓝色花瓶中的一枝梅花，点明季节。窗外树枝上淡淡的残雪，营造出冬天的雪景。这是"书香四季"中唯一一张刻画有文房四宝的藏书票，点名了"书香四季"的主题。

古典图案的木雕窗花、青花瓷、蓝色印花布、梅花、水仙花、围棋、茶具、文房四宝……这套藏书票集合了中国传统文化中诸多代表性物品，富有深厚的文化底蕴，表现了作者丁金胜浓郁的人文情怀。

在艺术上，"书香"标题而不见书（3张无书），却让人处处感到书香幽幽缭绕，可见作者"深山藏古寺"的深意，又有一份不着一字尽得风流的妙意，还有一份空谷足音的空灵诗意。

"书香四季"，小小四张藏书票，通过富有生命力的花卉植物，尽显艺术的张力和雅意。

◆ 书香四季·秋　　　　　　　◆ 书香四季·冬

丁金胜2012年作　　　　　　丁金胜2012年作

　　这是丁金胜创作的又一组四季藏书票，延续了"四季书香"的构图风格，都是透过古典的门窗看外面的四季植物景色，只不过前者是竖幅，这套是横幅。

　　每张构图都十分巧妙。其中《陈虹藏书（一）》不见春天的植物，但黑色廊亭上以泼彩形式洒下的点点绿色，抽象地表现了绿色春天漫涌而来。每张藏书票都以植物表明季节，如《陈虹藏书（二）》是阔大繁密的芭蕉叶，《陈虹藏书（三）》是柿子树上的硕果累累，《陈虹藏书（四）》是梅竹交辉，梅花欢喜漫天雪。

　　这套四季藏书票的票主均为在《无锡日报》工作的媒体人、藏书票收藏家陈虹。

◆ 陈虹藏书（一）　　　　　　　◆ 陈虹藏书（二）

丁金胜2021年作　　　　　　　丁金胜2021年作

◆ 陈虹藏书（三）

丁金胜2021年作

◆ **陈虹藏书（四）**

丁金胜2021年作

　　黑色的树林，飘带般的晨雾悬浮在林中，一群白色的鸟儿从雾中飞过。

　　这绿色的飘带更像是一条河流。如果是河流，就应在树下流动，不可能悬浮在林间。这张《春刚藏书》藏书票打破常规的设计，增添了现代艺术和先锋艺术的意味。

丁金胜2010年作

　　表现树的藏书票，不展现树的枝干全貌，而只取树的底部。秋风乍起，飘零的红叶在黑色的树干前滑落，落了一地金色和橘红的叶片。金秋时节，落叶令人感伤，而满地落叶又给人带来金色的希望。《阿坚藏书》明亮的色彩，带给人一种振奋的力量。

　　《永寿藏书》表现的是夏季，苍松枝繁叶茂，耸入云天，山上弥漫的云海呈现出清凉世界。这张藏书票富有层次感，黄山奇松异峰作为前景，墨色浓厚，一层层云海，笼罩画面，远处的山峰墨色淡化处理，显出层次分明的朦胧美。

　　票主陆永寿，上海收藏家，尤其钟爱藏书票收藏。

丁金胜2010年作

丁金胜似乎钟情于倒影的画面，树的倒影，构思巧妙，淡雅而富有诗意。

丁金胜着迷于四季的表现。《春刚藏书》和《阿坚藏书》这两张藏书票与《永寿藏书》票幅相同，都是采取长横幅，题材不同，但有一点相同，就是它们都通过植物表现四季轮转。

《春刚藏书》表现的是春季，成群成片的枯树枝上，绿叶尚未生长，绿色的春潮已随飞鸟涌动。

《阿坚藏书》上飘洒的红叶，是金秋的颂歌……

《永寿藏书》表现的是夏季，山上松林云海呈现出清凉世界。

《奇奇藏书》似冬季雪景，又似冰雪初融的春季。

◆ **永寿藏书**

丁金胜作

丁金胜的版画藏书票特别关注四季的变化，常常将四季的变化定格在画面上。他特别喜欢冬季，因为冬季有雪，他的大量雪景藏书票就是这种喜不自禁的映现。

每一个季节都有独特的美，丁金胜是一个有季节感的艺术家，"书香四季"系列直接表现春夏秋冬，他一定感觉这样表现四季很有趣；而其他藏书票，虽然没有标明是四季的成套书票，但我们从中也可以看到四季更迭之美。

敏于表现四季，是日本艺术和日本文学的一大特色。无论是绘画，还是散文、俳句，日本的文学艺术表现四季尤为细腻入微，诗意盎然。丁金胜所居烟台与日本隔海相望，地域较近，观照丁金胜四季藏书票，总是令人想到日本表现四季的散文和四季艺术。

◆ **奇奇藏书**

丁金胜2010年作

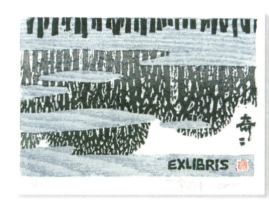

这组藏书票反映了丁金胜植物题材创作的演变，其中1992年创作的《金胜藏书》是丁金胜最早的藏书票作品，追求简洁的构图和稚拙的趣味。

1995年创作的3张作品，将树木与民居融为一体，表现了人居和自然和谐相处的意境。

《弗闲斋藏》以特写的手法，刻画一截儿树干上生长出一片嫩叶，表现了生命的顽强。弗闲斋藏书票社是上海版画家王崚创办的中国第一家藏书票社，对传播藏书票文化、推动藏书票走向市场功莫大焉。一片嫩叶恰切表现了小荷才露尖尖角的藏书票事业在中国刚刚起步的现状，然而，春天已经来临，未来可期，表达了对弗闲斋藏书票事业的美好祝愿。

◆ 金胜藏书（一）　　　　◆ 金胜藏书（二）

丁金胜1992年作　　　　丁金胜1992年作

◆ 金胜藏书（三）　　　　　　　◆ 咸跃藏书

丁金胜1995年作　　　　　　　　丁金胜2006年作

◆ 弗闲斋藏（一）　　　　　　　　　◆ 敬亭山人

丁金胜2006年作　　　　　　　　丁金胜2007年作

　　荷花是丁金胜喜欢的题材，他创作了多张荷花藏书票，这是其中的三张，票主都是弗闲斋藏书票社。

　　丁金胜是弗闲斋藏书票社的热情支持者，弗闲斋藏书票社慧眼识珠，邀请丁金胜创作了很多藏书票，有些是成套系列藏书票。这些藏书票投向市场，每次都受到藏书票收藏家的喜爱和收藏爱好者的追捧，经过弗闲斋精心打造和推广，丁金胜已成为弗闲斋的明星艺术家。

　　这三张荷花藏书票都采用扇面形式，其中一张折扇，两张纨扇。丁金胜娴熟的水印木刻技法，在这三张荷花藏书票上发挥得淋漓尽致，木版画做出了水墨华滋效果。

◆ 弗闲斋藏（二）

丁金胜2017年作

◆ 弗闲斋藏（三）

丁金胜2017年作

◆ 弗闲斋藏（四）

丁金胜2017年作

　　丁金胜是水印木版雪景的高手，从这组表现雪景的藏书票，可见他对雪景的喜爱，亦可见他对雪景技法的探索轨迹。

　　丁金胜天生喜欢雨雪，他给自己取了两个堂号，一个是"知雪斋"，一个是"听雨楼"。儿时遇到下雨天，别人家的孩子往家里跑，丁金胜却偏往外跑，以淋成"落汤鸡"为乐。他说："下雪天的我更是兴奋异常，专往积雪深的地方奔，冻得鼻涕横流而不顾，为此不知挨了多少打，却始终顽固不化。"

　　如今丁金胜已是华发苍苍，对雪景仍有难解的情结。每逢下雪，往往身不由己地伫立窗前默默眺望，不觉融入其中。从这组雪景藏书票似可看到他孩提时的欢乐，飘飘的雪花净化灵魂，银装素裹的世界里有他童年的纯真。

　　创作这些水印木刻雪景藏书票可不容易。水印的关键是需要湿度，丁金胜居住在山东烟台，北方空气干燥，如何加湿是丁金胜经常感到烦恼的事。为此，他想了各种加湿办法，土办法洋方法，使出浑身解数。关上门窗，不多时就闷热难耐；打开窗户，空气湿度难保，印一张水印藏书票常常手忙脚乱，顾此失彼。

　　只有到了阴雨天，丁金胜印制水印藏书票才感到如鱼得水，游刃有余。可阴雨天在北方的夏秋季节并不多，所以，每当"书票瘾"来了，丁金胜就像久旱盼雨的农夫，望眼欲穿，祈盼天赐良机。

每到冬天，是丁金胜创作藏书票的大好时机。尤其是下雪天，丁金胜的烦恼一扫而光。他用湿拖把拖一次地板，泡上一杯茶，湿度就到了60%，再往散热器上搭一条湿毛巾，就可以印制了。仔细地润色，严谨地尝试着磨压的轻重，精心地把握渗化的火候……丁金胜的水印雪景藏书票通常就是这样印制出来的。

欣赏着窗外的雪花，创作和印制雪景藏书票，对于丁金胜是一件赏心乐事。他说："此时，人的精神境界几近升华，变得超然物外，废寝忘食，伴随着轻松的心情，一枚枚纸上珍珠诞生了。"

雪是洁白的，雪景藏书票其实不是创作白色的雪，而是创作黑，刻画出黑色或灰色的屋舍、山峦、树木等景物，以黑衬白，方能显示雪的效果，这就是雪景藏书票创作的奥妙。熟能生巧，丁金胜反复尝试，不断探索，掌握了这种奥妙，并运用自如。从这组以植物为主体的雪景藏书票作品，可见他淡雅清新、诗意纯净的艺术风格。

◆ 元瑛藏书

◆ 知雪斋藏书

丁金胜2006年作

丁金胜2007年作

◆ 阿忠藏书　　　　　　　　　　　　◆ 尔坤藏书

丁金胜2010年作　　　　　　　　　　丁金胜2011年作

刘森：水果的剖面

《刘森藏书》四张藏书票，在色彩和构图变化中有统一，橙、紫、绿、蓝，每张一种主色调，有深色和浅色变化，黑色居中聚焦变化出水果和树等抽象图案，耐人寻味。这套书票创作于1995年10月，获得第六届全国书票展铜奖。

《刘森藏书》四张藏书票中，每一种水果都有缺陷，其中苹果堪称完美的缺陷，就像如今流行的苹果手机标识。

◆ 刘森藏书（一）　　　　　　◆ 刘森藏书（二）

刘森1995年作　　　　　　　　刘森1995年作

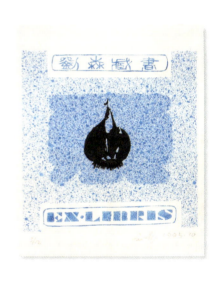

◆ 刘森藏书（三）

刘森1995年作

◆ **刘森藏书（四）**

刘森1995年作

徐鸿兴：水仙与梅花

绿色背景上，白色的水仙花粲然绽放，似乎散发着淡淡的幽香。

徐鸿兴为诗人屠岸创作的藏书票，是一枝水仙花，美丽而清雅。

这有一个美丽的故事：福建漳州水仙名闻天下，每年深秋，屠岸都会收到寄自漳州的水仙花，在北京寓所，"我案头窗前每冬都有水仙清影飘香，我抬头见到水仙，便想到郭风的友谊"。

一位是著名诗人，一位是著名散文家，一位在北方，一位在南国，从1978年开始，到2007年为止，郭风赠屠岸水仙花一直延续了29年，直到郭风因病住院，其子郭景能不久病故，郭风再也不能嘱儿子代寄。这绵绵的水仙情，谱写了一段"文人相亲"的文坛佳话。

屠岸为此写下了多首咏水仙诗赠郭风。

屠岸和郭风两位文坛老人的友谊始于1978年。那一年的11月，屠岸代表人民文学出版社前往福建组稿，在福州黄巷郭风家里，他们促膝长谈。郭风陪屠岸游鼓山品佳茗，屠岸顺利组到了郭风的散文集《你是普通的花》，诗兴大发，一口气写了12首诗，内有一首七律《登鼓山赠郭风同志》："深谢主人茗味厚，归途两袖尽霞烟。"两人从此成为挚友，并开始了29年的水仙情。

◆ **屠岸藏书**

徐鸿兴2013年作

2008年春天，住在医院的郭风需要一双软而合脚的"北京棉布鞋"。屠岸听说后，立即到街上寻找这种传统工艺制作的棉布鞋，终于找到了，赶紧寄给郭风。2009年10月3日，屠岸专程到福建省立医院探望病中的郭风。屠岸在致子聪的信中，描述了这次见面的情景："他已卧床四年，不能起床，见到我时，他极为兴奋，用他的手紧紧握住我的手，不断地说话，表达他喜悦至极的心情。"

两个月后，郭风病逝，屠岸闻讯心头一震，惘然若失，写了一副挽联：

秋声潇飒爱抚一只避雨的豹

春雨连绵慈溉万朵普通的花

横批是：风清月白。

其中，"秋声"是郭风的结发妻子的名字，他们夫妻恩爱，一辈子没有吵过架；"避雨的豹"是郭风一本童话的书名，深受小读者的喜爱；"普通的花"取自屠岸首次组编郭风的散文集的书名《你是普通的花》；横批"风清月白"，是郭风笔名的源头，也是郭风一生的写照。

为屠岸创作水仙花藏书票的还有董介吾等。徐鸿兴的这张水仙花藏书票，不仅记述了郭风赠屠岸水仙花的故事，其淡雅的色彩，若有若无的幽香，还表现出了"风清月白"的风格。

一枝梅花，令人想到"疏影横斜水清浅，暗香浮动月黄昏"的诗意；但藏书票上印了票主谢冕的名字之后，则令人想起谢冕的散文《消失的故乡》和《香香的端午》。

这两篇散文都被收录到中学读物里，成为中学生的必读散文，谢冕在这两篇散文中都提到梅花。在《香香的端午》中，谢冕除了写茉莉、含笑和白玉兰花，引用的对联中也提到了梅花："海国中天传令节，江城五月落梅花。"《消失的故乡》中则写道："我家后面那一片梅林消失了，那迎着南国凛冽的风霜绽放的梅花消失了。"

一咏三叹的惆怅，流露出谢冕对梅花的深厚感情。

徐鸿兴以梅花作为《谢冕藏书》构图，既表明了票主对梅花的感情，又以梅花喻谢冕才华之横溢、情操之雅致、人格之高洁。

徐鸿兴为谢冕、屠岸、王小鹰、周克希、唐诺、黄显功创作的六张当代文化名人藏书票，是应上海图书馆之邀创作的。为文化名人创作藏书票，最重要的是画面要切合票主身份，想必徐鸿兴对此事颇费思量，对每位票主都要潜心研究一番。所以，这六张藏书票或表明票

主的志趣，或交代票主的经历，或彰显票主的人格，或
描述票主的故事，都符合票主的身份，且每张都给人意
外惊喜，令人回味无穷。

　　书架上满是书，书是打开世界的一扇窗口，书桌上放
着书和花瓶，一束白花在淡淡的绿色背景前，显得更加洁
净。这是徐鸿兴为邵德明创作的一张藏书票——《书中自
有无穷乐》，是票主邵德明精神境界的写照，也是徐鸿兴
自己精神境界的反映。

◆ 谢冕藏书　　　　　　　◆ 书中自有无穷乐

徐鸿兴2014年作　　　　　　徐鸿兴2012年作

彭本浩：树林繁密

彭本浩的树刀法细密，刚劲，表现了树林的繁密。

树上面看似有意无意间散落的刀痕碎片，就像夕阳余

晖下的小鸟在飞。

◆ **本浩藏书**

彭本浩1990年作

邵明江：大自然的礼赞

　　植物葳蕤，鸟儿飞舞，尽情歌唱，布满画面的枝叶表现出大自然万物生长、欣欣向荣的生命力。繁密的刀法奔放自如而深情款款，奏响了对大自然生命的礼赞。

◆ 明江藏书（一）

邵明江1989年作

　　这三张藏书票作于同一时期，构图相似，作者似乎有意或者无意要表现木栅栏呈现的小景：日光下的木栅栏、月光下的木栅栏和星光下的木栅栏。独特的视觉，发现和发掘出别样的诗意。

　　鸟儿和花卉植物似乎是邵明江版画藏书票中永恒的主题。这张藏书票画面的木栅栏上，停歇着一只小鸟，扭头张望。寥寥数刀，鸟儿宛然如生。粗壮的木栅栏与纤纤小草形成对应，也与柔美的小花小鸟形成照应，刚柔相济，粗犷与柔美交汇，散发出隽永的艺术魅力。

◆ 明江藏书（二）

邵明江1989年作

票主董小明是黑龙江人，邵明江也曾长期在黑龙江生活和工作，因此两人有缘。董小明曾任广东省文联副主席，省美术家协会副主席，深圳市文联党组书记、主席，20多件作品入选全国美展，多次在国内获奖。所以，邵明江以一棵参天大树构图，表现出对这位有成就的艺术家的景仰之情。

作者巧妙地将藏书票拉丁文字母镶嵌在树叶中，树下大雁列队飞翔，树上硕果累累，一位飞天仕女横笛奏乐，天上云卷云舒，燕子成双成对，一派祥和景象。

◆ **董小明藏书**

邵明江2011年作

王维德：淡淡的水墨韵味

大树枝繁叶茂，亭亭如盖，小树枝干纤细，与大树相比，微小、柔弱，但充满旺盛的生命力。《大树和小树》藏书票富含哲理，大树和小树是辩证的，今日的小树，会长成未来的大树，知识和书本是阳光雨露。在这张藏书票上，我们可以感悟到对母与子、老师与学生、微小与庞大的思考。

在《归宿》藏书票中，不表现大树之丰茂，而取大树根部的特写，聚焦于盘根错节。未见树干整体，而知大树之参天茁壮，滴水见太阳、窥斑见豹，正是作者追求的艺术效果，王维德深谙以小见大、见微知著之道。

而落叶归根，植物的生长、四季的轮转、自然规律的运行生生不息，生与死的转换，时光的流淌，作者给予观者的是人生的启迪。

◆ **大树和小树**　　　　　　　　◆ 归宿

王维德2008年作　　　　　　　王维德2008年作

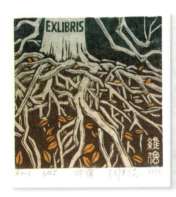

　　这组藏书票表现了花卉和树木，贯穿春夏秋冬四季。在王维德众多的藏书票中，有很多注重时序的表现，有的是通过宏观的风景表现四季，而这组是通过微观的植物表现。

　　墨梅象征冬天，枫树象征秋天，荷花象征夏天，桃花象征春天。水印套色木刻形成这组藏书票淡淡的水墨效果，尤其是墨梅和荷花，是王维德藏书票中水印套色的精品佳作。

◆ 墨梅   ◆ 枫

王维德2016年作   王维德2016年作

◆ 荷

王维德2016年作

◆ **春风**

王维德2016年作

　　这是王维德尝试的另一种题材和风格的藏书票，画面既写实又夸张，线条既具象又抽象，描绘的是风景，但又与其他的风景藏书票在处理手法上完全不同，表明艺术家进行多角度尝试和多方面探索的努力。

◆ 孔明珠藏书　　　　　　　　　◆ 淳子藏书

王维德2015年作　　　　　　　　王维德2015年作

张克勤：昂扬的生命激情

　　荷花亦名莲花，其原产地在中国。1973年，在浙江余姚距今约七千年的河姆渡文化遗址中，发掘出荷花的花粉化石；同年，在河南郑州距今五千多年的仰韶文化遗址中又发掘出两粒炭化莲子。而此前人们总以为中国的荷花是由印度传入的，实在是一个误会。

　　荷花自古被奉为花中珍品，具有极高的观赏价值。春秋时期吴国阖闾城馆娃宫的玩花池（又称浣花池），汉代御苑桂台以北的淋池，三国魏宫的芙蓉园池，西晋东宫的玄圃池，南朝乐游苑的御池，隋东都洛阳西苑的御池，唐长安大明宫的太液池，宋元丰年间落成的掖庭水殿，元代的上苑海子，明清时的西苑三海、颐和园昆明湖、圆明园福海及承德离宫——避暑山庄御池等，均栽有荷花。

　　张克勤创作的《蒋丽芬藏书》和《蒋丽君藏书》藏书票，构图疏密有致，色彩艳丽，富有浓郁的人文情怀。

◆ **蒋丽芬藏书**　　　◆ **蒋丽君藏书**

张克勤作　　　　　　　张克勤作

　　《瓶花》是张克勤的两张早期藏书票，吸收民间剪纸特点，采用油印技法，色彩大红大绿，既浓厚又明亮，充满昂扬向上的生命激情，这也是此后张克勤藏书票作品一以贯之的艺术风格。

◆ 瓶花（一）   ◆ 瓶花（二）

张克勤1992年作   张克勤1992年作

甘畅：红色的牵牛花

这张藏书票的色彩处理颇具特色。6片绿叶错落有致，在绿叶的烘托下，3朵牵牛花红艳艳绽放，大红的花衣，淡红的花蕾，每朵花由下至上色度渐次加深，其中下面这朵花的边缘水印晕染效果堪比国画。

花与花之间色度的变化，对应花与叶之间的色彩变化，红与绿相互映衬，红色的喇叭花分外夺目。

粗犷的底色处理，形成斑驳朦胧的背景，犹如特写镜头，凸显花叶近景的清晰明亮。

红花绿叶黑线浅墨，力求表现木纹、水印的效果。两张"牵牛花"构图不同，风格相同，画面色彩和谐悦目，层次分明而过渡自然，相得益彰，这是甘畅木版藏书票的鲜明特色。

◆ 甘畅之书　　　　　　　　◆ 张天之书

甘畅2013年作　　　　　　　　甘畅2017年作

曾献忠：空灵清秀

曾献忠眼中的植物都富有灵气，因为他的这些藏书票都是为富有灵气的作家和诗人创作的，票主有香港作家胡志伟、广东女作家黄倩娜、山东女作家艾欣等。

为台湾诗人向明创作的书票，"一颗越晚越亮的金玉米，堂堂正正写入无限秋天的稿纸"。以文稿纸上落满玉米果实，暗示向明在诗的田野耕耘的收获和成就，充满了浓郁的诗情画意。这张藏书票收入向明《新诗五十问》一书作为插图，传播甚广。

曾献忠的藏书票小巧玲珑，画幅规格相同。他的藏书票是用北国一种特殊的木料山丁子刻制，山丁子纹理细腻而坚实，他用这种木料刻制了作家系列藏书票，秀雅清丽。

2000年，曾献忠创作了一套"千禧年藏书票"，共8张，制作了100套，票主皆为作家和画家，分别如下：佳木斯画友张俊平、河南女作家蓝蓝、北京作家邹鸿君、北京作家檀林等。

表面看来，这套藏书票表现的都是植物花草和山水风景，其实每一张都精心构思，有巧妙的寓意。题材均切合票主的身份特点，表达作者的真挚感情。如《蓝蓝藏书》中，呈献给蓝蓝的是一束瓶花。

◆ 志伟藏书   ◆ 倩娜藏书

曾献忠1999年作   曾献忠1999年作

◆ 艾欣藏书　　　　◆ 向明藏书

曾献忠1999年作　　　　曾献忠1999年作

◆ **俊平藏书** ◆ **蓝蓝藏书**

曾献忠2000年作 曾献忠2000年作

◆ 邻鸿君藏书

曾献忠2000年作

曾献忠2000年作

于洁夫：水印墨荷

于洁夫的红荷和荷叶采用水印套色木刻的技法，追求中国画的效果。

荷花自古受到文人雅士和书画家的称赏，清人李渔在《闲情偶记》一篇题名为《芙蕖》的散文中，历数荷花之可人处："有风即作飘摇之态，无风亦呈袅娜之姿，是我于花之未开，先享无穷逸致矣。"认为该花"兼百花之长，而各去其短"。

◆ **可扬之书**

于洁夫1999年作

王敢：柔润精美

王敢创作的梅花以古代团扇的形式表现，一朵朵鲜红的梅花仿佛扑面而来，带着春天的气息。

王敢的水印套色木刻《学贵悟》藏书票中，水仙花柔润精美，承袭传统。

◆ 成超研读之书　　　　　　　　◆ 学贵悟

王敢1996年作　　　　　　　　王敢1990年作

钱为群：亭亭物华

钱为群的藏书票清雅脱俗，咖啡色的底色更好地表现了这种高贵的气质，颜色的明暗变化仿佛有暗香浮动。

钱为群的阴刻荷花线条简单，刀法朴拙，寥寥数笔，就表现出了荷花作为君子之花的精神，正如《群芳谱》中描写："凡物先华而后实，独此华实齐生。百节疏通，万窍玲珑，亭亭物华，出于淤泥而不染，花中之君子也。"这张"荷花"藏书票，令人想到周敦颐影响深远的名篇《爱莲说》，观之让人油然升起对莲花的喜爱。

◆ **为群书票（一）**　　　　　　◆ **为群书票（二）**

钱为群作　　　　　　　　　　钱为群作

张翔：油印木刻富有个性

　　2021年，上海有关单位组织艺术家到云南采风，张翔应邀到西双版纳。热带雨林的植物生长如火如荼，鲜花盛开，这些花卉激发了张翔的创作灵感，回到上海后创作了这组花卉藏书票，共有6张。

　　张翔采用他惯常的油印木刻技法制作了这套花卉藏书票。6种花卉，每张花卉皆以绿叶相辅，无论是绿叶满铺，还是周边留白，都从突出花卉这一主体出发。

　　画家很好地把握并处理了光影的明与暗、色彩的冷与暖、状物的虚与实的关系，尤其在花与叶上刻画密集短线，通过这些浅色或暖色有规律排列的短斜线，表现光波和光影的变化，丰富了花叶的表现力。由此，形成了张翔油印木刻技法的个性特色，使这些花卉作品具有油画的效果。

◆ 花卉（一）　　　　　　　　◆ 花卉（二）

张翔2021年作　　　　　　　张翔2021年作

◆ 花卉（三）　　　　　　　　　　◆ 花卉（四）

张翔2021年作　　　　　　　　　　张翔2021年作

◆ 花卉（五）　　　　　◆ 花卉（六）

张翔2021年作　　　　　张翔2021年作

张继友：香自画中来

十里荷香，只取一朵，张继友的扇荷有清香从画中溢出。

荷花自古以来就是文人墨客喜欢的花，只要看看文人为它编造的无数名字，就可知其受喜爱程度：莲、莲花、芙蕖、芙蓉、水芙蓉、草芙蓉、菡萏、水华、水旦、水芸、水芝、泽芝、玉环、溪客、浮客、静客、六月春等。

几乎每一个名字都有一个故事。如"玉环"乃唐明皇宠妃杨太真的小字，唐开元天宝年间，一日，太液池千叶白莲盛开，明皇手指杨贵妃对左右说道：千叶白莲又怎能同我这会说话解人意的花儿相比呢？后人遂用杨妃乳名"玉环"雅称荷花。

还有芙蓉，五代时蜀后主孟昶于宫苑城头遍植木芙蓉，花开如锦，故后人称成都为锦城、蓉城。芙蓉耐寒，遇霜花盛，故又名"拒霜"。王安石的《拒霜花》诗中说："群芳落尽独自芳。"苏东坡在《和陈述古拒霜花》中赞："千林扫作一番黄，只有芙蓉独自芳。"

张继友的藏书票中，除了表明上述寓意，还有"一品清廉"之寓意。

一品，古代最高官阶名称。"莲"与"廉"同音，"一品清廉"寓意居高位而不贪，公正廉洁。

◆ 继友藏书（一）　　　　◆ 继友藏书（二）

张继友1998年作　　　　　张继友1998年作

看张继友的花，可以闻到淡淡的清香。他喜欢淡雅秀丽的花，看他刀下的花，可以去浊，可以脱俗，可以赏心，可以怡神。他的花卉系列藏书票风格纤巧文雅，清新宜人，制作精致，追求完美。特别是扇画花卉藏书票系列，书卷气袭人。

◆ **继友珍藏**

张继友1998年作

◆ 继友书票（一）

张继友1998年作

◆ **继友书票（二）**

张继友1997年作

罗保根：浓郁的乡土气息

罗保根的树系列藏书票，分别创作于1998年和2003年。他通过树干同方向走势的条纹和树叶有规则的点线组织，表现出旷远原始的地貌，富有浓郁的乡土气息和鲜明的个人风格。

◆ **文华藏书**　　　　　　　　◆ **陈宏藏书**

罗保根1998年作　　　　　　罗保根2003年作

侯秀婷：童真的世界

　　侯秀婷钟情莲花题材，她创作的莲花儿童藏书票全套共有10张，称为《爱莲颂》，曾入选中华百名书画作品展，获深圳市第四届"鹏城金秋"艺术节美展金奖。

　　侯秀婷眼中的世界是莲花的世界，莲花出淤泥而不染，是纯洁美丽的象征，她的莲花世界是童真的世界——洁净、清新而充满美好的幻想。

◆ 澳门回归祖国纪念

侯秀婷1999年作

聂雁龙：色彩明净纯粹

《春暖花开》《丹枫知秋》《银装素裹》是一组表现四季季候的藏书票，均采用绝版套色木刻制作。

这三张表现四季的藏书票色彩明净纯粹，无论是粉红色的春天，红叶燃烧的秋天，还是松杉挺立的蓝色冬天，每一张都有一个主色调。在主色调的基础上，衬以明亮的背景色，色阶层次分明，爽朗明快，给人赏心悦目之感。

◆ **春暖花开**

聂雁龙2017年作

◆ 丹枫知秋

聂雁龙2017年作

◆ **银装素裹**

聂雁龙2017年作

　　荷花是很多艺术家喜欢表现的题材，聂雁龙的两张"夏荷"藏书票对荷花的表现有独特的方式。通常画家笔下的荷叶是圆圆的团团荷叶，但他将荷叶处理成一片片散发性残荷，尖尖花瓣，显得更加茁然有生气。

　　两张"夏荷"都为荷花的表现设置了背景色，一张黄色，一张暗红色，密集奏刀的下划线和三角点为画面增添了表现力。"夏荷"层次分明，主体突出，洋溢着生命的蓬勃张力。

◆ 夏荷之一　　　　　　　　　　　◆ 夏荷之二

聂雁龙2017年作　　　　　　　　　聂雁龙2018年作

近景特写突出了古柏沧桑的树干，中景和远景采取密集奏刀，刻画了一簇簇古柏新叶的茂密繁盛，明亮的金黄色是对顽强生命力的礼赞。

松树是热门题材，画家们乐于表现松树，聂雁龙反其道而行之，趋冷避热，只选取容易被人们忽略的松果，给予特写表现。画中的3颗松果错落有致，简单的黑色、绿色和白色三角波纹线，将松果复杂的状貌纹理栩栩如生呈现，衬以刚柔相济的松针，白色的点缀使画面更富立体感。

◆ 古柏　　　　　　　　　　　　　◆ 松果

聂雁龙2017年作　　　　　　　　　聂雁龙2013年作

雪夜的村庄分外静谧，或雪花纷飞，或炊烟袅袅。蓝紫色的夜空，衬以白色的大地，白色的屋顶和白色院落；红色的灯笼在天空和大地颜色的衬托下，如火焰跃出，将视觉点亮。

生活在黑龙江北大荒的聂雁龙对松树情有独钟，"家乡的红灯笼"系列藏书票每一张都有松树，松树拥抱的村庄，真美。

◆ 家乡的红灯笼（一）

聂雁龙2018年作

◆ 家乡的红灯笼（二）

聂雁龙2018年作

◆ 家乡的红灯笼（三）

聂雁龙2018年作

江大才：蜡梅与玉兰花

　　紫色的梅枝，黄色的蜡梅，江大才的《咏梅珍书》疏影横斜，中间一朵大大的黄花富有特写的趣致。

　　在为票主创作藏书票时，首先考虑的是符合票主身份的题材。

　　为玉兰创作的藏书票，自然而然就选择了玉兰花。

　　江大才创作的《玉兰藏书》，题材信手拈来，取票主名字"玉兰"为题，图中玉兰花绽放，两只喜鹊嬉戏枝头，令人想到鹊上梅梢（喜上眉梢）的画意。此处虽无梅，胜似有梅，花鸟枝头闹得活泼，同样吉祥喜庆。

◆ **咏梅珍书**

◆ **玉兰藏书**

江大才2000年作

江大才2000年作

张以诋：蜡染花卉

　　张以诋的蜡染荷花清丽、优雅，深色的底色衬托出绿荷和红荷的妩媚艳丽，有工笔画的细腻，画面艳而不俗，清雅优美，寓意吉祥。

　　古代诗词中，有关荷花的描绘多与吉祥寓意相关。如录皇甫松《采莲子》之二末句"无端隔水抛莲子，遥被人知半日羞"，运用了双关隐语，即用同音而不同义的字把所要表达的意思掩盖起来："莲子"隐"怜子"之义，换成今天的话，就是变着法儿说"我爱你"。

　　荷花的谐音还广泛运用于工艺、绘画特别是民间年画之中。唐宋时期，织物的艺术纹样多印成芙蓉、桂花、万年青三物，以表示"富贵万年"；明清时期则多印成莲花、鲤鱼，表示"连年有余"，或印成鸳鸯、芙蓉，表示"一路荣华"等，这都成了吉利祥瑞的象征。

◆ 荷花（一）　　　　　　　　◆ 荷花（二）

张以玭作　　　　　　　　　　张以玭作

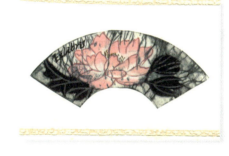

张以玭的扇形兰花清丽脱俗，蜡染特有的蓝色裂纹纵向散布，和横向伸展的兰草相映成趣。

白色底衬托出兰花的高洁，有国画的效果。

《牡丹》藏书票以蜡染特有的蓝色纹路衬托暖色调，有独特的魅力。

张以玭还创作有一张蜡染《竹》藏书票，也是以扇面形式，在蜡染的冰裂纹效果上，表现了竹子的翠绿色泽。

◆ 兰花

◆ 牡丹

张以佤作

张以佤作

王金旭：水仙竞相怒放

　　王金旭擅长砖刻和石刻，这张石刻藏书票上的水仙花蓬勃生长，竞相怒放，有浓厚的金石味。滞拙断续的刀法，在斑驳苍古中透出清雅的花韵，绽放内敛的激情。

◆ 水仙花

王金旭2001年作

EXLIBRIS ● EXLIBRIS

胡军：时光变奏曲

　　胡军的"树"苍劲而富有生命力，在技法风格上深得中国20世纪二三十年代早期版画神韵。密集的短斜线看似随意，而又有一定规律，随意和规律性之间，是时光和诗意的变奏。

◆ 文斌阅书　　　　　　　　◆ 小曾爱书

胡军2000年作　　　　　　　　胡军2000年作

胡军的《畅畅的书》丰茂茁壮，洋溢着莫言小说中的生命激情。

胡军的瓶中花仿佛西方经典油画构图，以细密的点线和单纯的黑白色调，表现了一种蓬勃的生命力，既古典，又富有现代气息。

◆ 畅畅的书

◆ 胡军书斋

胡军2000年作

胡军1997年作

李军：红梅一枝

李军的梅花斜逸横出，以粗犷的风格处理，蓝色的瓷瓶配上红色的梅花，有悦目之效。

◆ 玲玲珍书

李军1993年作

韩志翔：蓝印花布式

　　韩志翔的《志翔珍藏》追求蓝色印花布的效果，图案富有装饰性。画中梅竹是四君子其中的两君子，同构一图自古就是文人画家所喜，画上往往题名"梅竹双清"，以梅竹比德君子，是对高尚品格的礼赞。

◆ **志翔珍藏**

韩志翔作

林承复：花开的芳馨

　　林承复的五瓣野花在田野上散发着淳朴的乡土气息。

　　而花下的书就是田野。寓意读书就和在田野上耕耘一样，一分汗水才会有一瓣花开的芳馨和艳丽。

　　林承复的兰花蓬勃开放，开在书上。黑白木刻的形式，经过对兰花淡淡的点彩，显得更加雅气。

◆ 书上小花　　　　　　　　　　　◆ 书上兰花

林承复1998年作　　　　　　　　林承复1998年作

顾锡田：兰花的丰姿

顾锡田的黑白《静斋爱书》以阴刻的技法，表现了兰草和兰花的丰姿。

顾锡田擅长石刻藏书票创作，这张表现兰花的藏书票凝聚他一以贯之的艺术风格：遒劲的线条中透出秀丽，朴素中体现雅致，淡静中见风骨，简洁中饱含传统文化底蕴。

张丰泉：端庄简洁

张丰泉的藏书票小巧玲珑，构图沉稳而端庄，线条简洁中寓丰富。

蜡梅凌寒而发，迎春而开。张丰泉的蜡梅花开放在遒劲的枝干上，梅树曲中有刚的形象，自有一番傲骨风姿。赭色的底色上，点缀绽放正旺的黄色蜡梅，给人明亮的希望和不屈的信念。

莲花洁白，皎皎清华。藏书票中间刻画的莲花是澳门特别行政区的区花。澳门被称为"莲花宝地""莲花福地"，填海前，澳门半岛犹如一朵含苞待放的莲花，古称"莲岛"。

◆ 玺璋藏书   ◆ 澳门回归藏书纪念

张丰泉1999年作   张丰泉1999年作

陈燕林：风情中的雅致

　　陈燕林的《燕林藏书》表现了水红的荷花和黑色的蜻蜓，弯曲的荷梗和绽开的花瓣，犹如少女婀娜多姿的腰身和绽放的笑靥，风情千种。

　　陈燕林的《小乔藏书》婀娜多姿，绿色的叶子和蓝色的瓶纹搭配协调，平添雅致。

◆ 燕林藏书　　　　　　　　◆ 小乔藏书

陈燕林作　　　　　　　　　　陈燕林1998年作

熊琦：发现平凡之美

　　团团的荷叶，鲜艳的红荷，熟透的莲蓬，熊琦的荷花线条纤细雅致，淡蓝色的背景将人带到一片淡淡的馨香中。

　　熊琦善于发现平凡中的美。窗口的仙人掌，承载一只金龟子的芭蕉叶，都是生活中不起眼的植物。然而，在熊琦的作品中，这些都变得那么富有诗意。他巧妙利用光影的变化，色彩的对比，化繁为简，赋予植物空灵的格调。

◆ 熊琦藏书（一）　　　　◆ 熊琦藏书（二）

熊琦1999年作　　　　　　熊琦1994年作

周富德：勃勃生机

　　在干旱而龟裂的地球上，太阳既给禾苗生命，又能扼杀它的生命。云雨降临干旱的大地，禾苗焕发出希望的生机。

　　周富德这枚阳光雨露禾苗藏书票表现渴望，具有深厚的忧患意识，这枚小小书票蕴有呼吁绿色环保、生态平衡的重大主题。

◆ 渴望

周富德1997年作

周富德的两张有关"树"的藏书票作品，技法老到，充满绿色的生机，洋溢着蓬勃的激情，诗意与神采兼备，阴柔与阳刚相济。

◆ 振林藏书 ◆ 和晋藏书

周富德1997年作 周富德1996年作

《文琴之书》藏书票亦名《秋实》，是周富德于1998年为刘文琴老师作，红果成熟、绿叶无私，寓意教书育人，春华秋实。

◆ **文琴之书**　　　　　　　　　　◆ **红叶题诗**

周富德1998年作　　　　　　　　　周富德1999年作

周富德的《克祖珍藏》藏书票，色彩斑斓，在绿色衬托下，红色显得那么鲜嫩欲滴，看一眼，就可生望梅止渴之情。

◆ **克祖珍藏**

周富德2002年作

唐润华：姿意绽放

黄色的喇叭花恣意开放，淡蓝色的背景如朦胧的远山，唐润华的瓶花在清晰和模糊间给人以浪漫抒情的感觉。

瓶中花，是虚幻的梦境，是梦中的精灵。

在人为的形式中，瓶中花诠释着美丽。

在幽闭中，孤独的思想在优雅地绽放。

◆ 一方之书

◆ 一丹之书

唐润华2000年作

唐润华1998年作

何以正：浓艳生出淡雅

何以正的水印套色木刻花卉浓艳中透出淡雅。这张藏书票的构图并不出奇，作者把心思花在色彩上，在色彩的经营上出奇制胜：红色的花纵情绽放，淡蓝色的花欲开未开，黄色的花蕾含苞待放，花梗是赭黄色的，叶子是深蓝和浅蓝的交织，色彩丰富而有条不紊，色彩的搭配与过渡和谐自然。作者采用水印技法在色彩晕染上下工夫，清晰和朦胧间的渐变恰到好处，木版画制作出了国画的效果。

◆ **小杏之书**

何以正2000年作

赵岩松：自然飘逸

　　一束鲜花仿佛刚从花圃中采撷，带着馥郁的芳馨，带着大自然的雨露，带着春天的气息。《陈宏藏书》令人陶醉，悠然神往。

◆ 陈宏藏书

◆ 胡志伟藏书

赵岩松2000年作   赵岩松2000年作

　　赵岩松的四张花卉藏书票清秀、飘逸，有清新的自然之气。其中票主胡志伟系香港作家、藏书票艺术家和收藏家，王嵘系上海弗闲斋藏书票社社长、版画家、藏书票艺术家，温洪声系版画家、藏书票艺术家，陈宏系笔者。

◆ 王嵘藏书 ◆ 温洪声藏书

赵岩松2000年作 赵岩松2000年作

毕崇庆：兰草的品格

毕崇庆的兰草飘逸灵气。在鲜黄的底色上，以深沉的绿黄色套印兰草的风姿，配以书法，表现了兰的品格。

毕崇庆作

刘继德：幽夜星光闪烁

如幽夜里星光的闪烁，如沉静中轻轻流泻的音乐，充满了渴望，充满了欢乐的热情和梦想，刘继德的菊花开放得浪漫而馨香。

地上的圆点和方点，就如同月光下的水波在荡漾，烘托出菊花香的氛围。

这是刘继德为西安火花收藏家崔文川创作的一张藏书票，书架上突出地摆放一本书，封面就是《火花》，点明了票主的兴趣爱好和收藏成果。百合花在黑色窗口的映衬下，显得更加纯洁无瑕。

◆ **继德藏书**　　　　　　　　　◆ **文川之书**

刘继德1999年作　　　　　　　刘继德2003年作

张继渝：富有装饰效果

张继渝的水印套色木刻菊花，注重斜纹表现力，富有

装饰效果。

◆ **菊花**

张继渝1998年作

邵卫：追求国画神韵

　　一枝黄色的菊花从瓷瓶中逸出，邵卫的《书乐斋藏》
是一张电脑藏书票，在艺术上追求国画笔墨神韵。

邵卫1995年作

王凤兰：风格简洁明朗

王凤兰的《向日葵》在黑暗的背景下露出白色的葵花，如太阳一样放射出光芒，风格简洁明朗。

王凤兰的黑白木刻《菊花》以特写镜头，表现了一朵菊花在纵情开放，如天真无邪的少女，坦露出全部的娇美和热情。

黑色的背景增强了阴刻的洁白菊花的表现力。

◆ 向日葵

◆ 菊花

王凤兰作

王凤兰作

秦伟：知识滋养生命

　　秦伟的《木子藏书》的树根下有许多图书，寓意唯有知识的滋养才能开放出最美丽的花朵，同时又切合藏书票的功能。

秦伟1998年作

柯克：怒放的力量

　　柯克的《艺丁书票（一）》以粗犷的风格，利用单纯的黑白色调，表现了5朵怒放的紫荆花和1朵含苞待放的花蕾，加上咖啡色的底色，富有装饰性。

　　《艺丁书票（一）》是虚幻的梦境，是梦中的精灵。

◆ 艺丁书票（一）

柯克1998年作

树因太阳而茁壮，因果实而柔韧。柯克的这组藏书票
都只采用了简单的两种或三种色调，老辣的刀法迸发出火
焰般燃烧的力量。

◆ 李青的书　　　　　◆ 艺丁书票（二）

柯克1996年作　　　　　柯克1998年作

温洪声：朴拙妙韵

温洪声的 3 朵红花线条粗放朴拙，巧妙地将藏书票的拉丁字母刻在花钵的边缘，妙韵天成。

◆ 嘉宝藏书

吴广君：生命的坚韧

新陈代谢是大自然运行的规律，吴广君对老树新枝情有独钟，这些嫩绿的树芽和绿丫大多是从死去的树根和枯树干上生长出来的，表现了生命的顽强和坚韧。

吴广君的《小兵书票》中的树，树干下细上粗，别有趣味。

作者撷取春游一景，见车不见人，得"深山古寺"之意境。

◆ 广君藏书（一）　　　　　　　　　◆ 广君藏书（二）

吴广君1999年作　　　　　　　　　吴广君1999年作

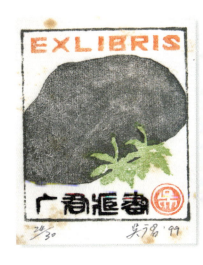

◆ 广君书票（一）

◆ 广君书票（二）

吴广君1999年作

吴广君1999年作

◆ 吴广君珍藏　　　　　　　　　　◆ 小兵书票

吴广君1999年作　　　　　　　　　吴广君1998年作

贾茹：疾风中的树

　　贾茹创作的《古元藏书》藏书票中，树在疾风中摇

曳，线条一如老版画家古元般苍劲有力。

◆ 古元藏书

贾茹作

陈剑辉：抽象的诗意

　　陈剑辉创作了多张以树为题材的藏书票，"树"系列以剪纸般的艺术语言抽象表现，又有油画般的色彩，构图简洁，色彩明悦，富有装饰性。这里选录其中三张，代表他这一系列的艺术风格。

◆ 剑辉藏书（一）   ◆ 剑辉藏书（二）

陈剑辉1999年作   陈剑辉1999年作

 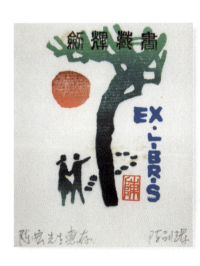

　　《剑辉藏书（三）》刻画的树与民居，状物抽象、写意，画面宁静、抒情，富有诗意。

陈剑辉1999年作　　　　陈剑辉1999年作

黄务昌：兰竹精神

兰竹是文人清高节操的象征，自古受到文人墨客喜爱。黄务昌创作的四张植物题材藏书票，一张兰花，三张竹子，都是采用锌凸版技法，圆形构图。

◆ 惠萍藏书　　　　　　　　◆ 迟斋藏书

黄务昌2010年作　　　　　黄务昌2008年作

其中《务昌所藏》圆形切去四分之一，为不完整圆形，属于形式上的探索之作。

兰竹是精神生活的追求。《迟斋》刻画修竹茂林的水边一座吊脚楼木屋，一文人在窗前读书，一壶一杯，清风拂面，满目翠色，好不惬意。这是古画中常见的读书生活写照，又何尝不是黄务昌的精神向往。

◆ 务昌所藏　　　　　　　　　　　　　　◆ 迟斋

黄务昌2007年作　　　　　　　　　　　黄务昌2008年作

方军：萧瑟的生命

　　方军的电脑藏书票中，树显得极孤寂而萧瑟，背景中
密密麻麻的树影如水中倒影，更衬托出绿树葱郁的生命力。

◆ **方军藏书**

方军1999年作

张长利：深邃而秀气

张长利的云南大树盘根错节，历史悠久，表现了深邃的时空感。

树下的牛，不仅为画面增添了浓郁的生活气息，而且巧妙通过牛的体积来映衬出树之粗壮。对比产生效果。

张长利创作的这张水印套色木刻椰树，淡绿色的水印营造朦胧树林的背景，较好地烘托主图，增添了画面的纵深感。树叶上细细的阴刻纹线精致而秀气。

◆ 树　　　　　　◆ 长利藏书

张长利1999年作　　　　张长利1997年作

李家新：春意盎然

　　已故藏书票艺术家李家新的石刻藏书票《大地回春
功》，画中的树枝繁叶茂，春意盎然。

◆ **大地回春功**

丁建国：老树与幼树

老树粗壮的树身和小树柔韧的树干形成对照，表现了新旧交替、新生与老死的自然规律。

丁建国创作的树色调老到、和谐，寓意富有哲理。

◆ 宗建藏

丁建国作

管殿武：叶中见阁

管殿武为藏书票收藏家平幼泉制作的书票，以梧桐树叶为底，树叶中间置一亭阁，寓意平幼泉创办的藏书票通讯刊《梧桐阁》。

亭阁下面是一本打开的书，与亭阁连成一体，是幼泉书屋的象征。梧桐树叶的茎脉纷披交错，又好似灯光四射，照亮了梧桐阁。

◆ 梧桐阁·幼泉书屋

管殷武2000年作

段光辉：简洁的礼赞

一本打开的书中，生长着几株纤细美丽的麦穗，藏书票《麦穗》是对收获和成就的赞美。

《老九之书》藏书票采用单色木刻技法，制造剪纸门笺的造型效果。书上一朵荷花，象征澳门回归，两边刻写对联"一国两制，大得人心"，横幅"举国庆贺"。

◆ 麦穗

◆ 老九之书

段光辉1997年作

段光辉1997年作

袁利君：朴实单纯之风

袁利君创作的《利君藏书》色调厚实准确，富有观赏性。

袁利君创作的植物藏书票多取材于树，其中彩色藏书票色彩或明或暗，都朴实单纯，富有乡土气息。黑白藏书票中，他喜欢用并列错落的一丛丛短线，构成树叶纷披的感觉，这形成了他独特的单色木版画风格。

兰叶葳蕤桂华皎：植物芳菲

◆ 利君藏书

◆ 小囡藏书

袁利君1998年作

袁利君2003年作

◆ 小力藏书（一）　　◆ 小力藏书（二）

袁利君2003年作　　　　袁利君2003年作

◆ 虎子藏书（一）　　　　◆ 虎子藏书（二）

袁利君2003年作　　　　袁利君2003年作

刘苏瑛：窗外门内

    苏州版画家刘苏瑛创作的《兆一书》表现了木雕窗外的芭蕉，而《婴婴藏书》则表现木雕门内的绿色植物，两张藏书票形成对应，呈现出房屋内外的生命和活力，启人哲思。

◆ 兆一书　　　　　　◆ 婴婴藏书

刘苏瑛1998年作　　　刘苏瑛1998年作

瞿蔚：浪漫的风情

瞿蔚的彩色藏书票颇具特色，这南国芭蕉亦独具风

格，浪漫抒情。

◆ 瞿蔚藏书

梁淑祯：笔触细腻

梁淑祯开辟了植物题材的一个新领域，画中的人参呈现人的姿态，笔触细腻而富有表现力，观之令人过目难忘。

◆ 人参（一）　　　　◆ 人参（二）

梁淑祯1998年作　　　　梁淑祯1998年作

牟春风：细腻的黑白风

牟春风的黑白水果植物，以单纯的黑色表现，水果植
物纹理细腻，风格朴实。

◆ **热带植物**

牟春风1998年作

陈夏青：浓郁的南国风

　　陈夏青采用电脑技法创作了两张热带水果藏书票，画
面中的菠萝、香蕉等水果，富有浓郁的南国风情，清香四
溢，真实感强。

◆ 夏青藏书（一）　　　　　　◆夏青藏书（二）

陈夏青作　　　　　　　　　　　陈夏青作

武安伟：宁静中的粗犷

武安伟的《大新藏书》表现苹果和茶杯在淡红色砖墙底色中，显得素雅而宁静。

《向阳之书》刻画3朵向日葵逐光向阳，向着同一个方向茁壮生长。梵·高等艺术家都爱画向日葵，他们笔下的向日葵风格各异。武安伟的这张藏书票采用黑白木刻技法，具象和抽象结合，刀法粗犷老辣，有自己独立的艺术语言和鲜明的个人风格。票主是向阳，以向日葵表现，切合票主姓名。

◆ 大新藏书　　　　　　　　◆ 向阳之书

武安伟1995年作　　　　　　　武安伟1997年作

杨敬棠：生命的辩证

　　一片绿叶上映衬一枚红果，天上有云——是蓝色的云，令人感受到蓝天白云的浩渺。

　　时空悠悠，世事茫茫，红色的果子就这样在不知不觉中成熟了。

　　杨敬棠的《沈泓之书》表现了红花与绿叶、果实与落叶的辩证关系，还有书与人生的关系。

杨敬棠2000年作

郝彦达：对称之美

郝彦达的挂在窗前的苹果构思精致，讲究平衡对称的
美学效果。

◆ 张翼藏书

郝彦达2000年作

黎雪梅：别样的娇艳

黎雪梅的"荷花"系列藏书票，采取套色木刻手法，表现荷花如新雨过后，娇艳鲜嫩。

荷花文化在中国源远流长，很早就见于古诗和典籍。《诗经·郑风·山有扶苏》中写到荷花："山有扶苏，隰有荷华。"屈原在《楚辞·招魂》吟诵荷花："芙蓉始发，杂芰荷些，紫茎屏风，文缘波些。"说明很久以前，从南到北的水乡泽国，荷花已是处处可见。

每张荷花藏书票上部刻写"雨山书票"，表明雨山是票主。

◆ 雨山书票（一）　　　　　　◆ 雨山书票（二）

黎雪梅作　　　　　　　　黎雪梅作

马心义：朝阳中盛放

在马心义的这张藏书票作品中，朝阳和横条底纹强调突出了黄色荷花。

荷花在中国有深邃的文化渊薮。在佛教中，荷花称为莲花。唐代将佛教立为国教后，莲花备受人们敬爱。佛祖释迦牟尼的家乡盛产荷花，因此佛教常以莲花为喻。

◆ 荷花

马心义1997年作

王红、王朝蓬：清丽纤细

　　深圳的小学教师王红、王朝蓬夫妻创作的丝网版荷花

亭亭玉立，清丽纤细。

◆ 王红、王朝蓬藏书

王红、王朝蓬作

张艺：浓与淡的和谐

佛教与荷花有不解之缘，荷花所居之处称为佛国，也称"莲界"。佛经称"莲经"，佛座称"莲座"或"莲台"，佛寺称"莲宇"，僧舍称"莲房"，袈裟称"莲衣"等。

张艺的《大汉存书》以水印套色木刻手法，表现了荷叶的清润，荷花的浓艳。浓与淡，在对比中形成了和谐统一。

◆ 大汉存书

张艺1998年作

吴若光：淳朴的乡土气息

　　吴若光的蝶恋花图案，吸取民间美术的养分，以湖南农村印花布为装饰纹线，富有淳朴的民俗乡土气息。

◆ **若光藏书**

吴若光作

廖有楷：红似火

廖有楷的作品中，这是一张给人印象深刻的沙枣树藏书票。红色的沙枣红得像火，燃烧在苍劲挺拔的虬枝上。

浑厚的黄土山壁上是令人备感亲切的窑洞。廖有楷的陕北（或内蒙古、山西）民居以沙枣树延展覆盖整个画面，突出了民居环境氛围，民居与环境浑然天成。

◆ **廖有楷藏书**

廖有楷2000年作

张俊萍：响亮的金黄

莲蓬苗壮，莲蓬饱满，莲蓬垂垂老矣，无人采摘，即将籽落归根。

"籽归"系列藏书票表现了生命的循环，同一个圆上，起点即终点，有多少彷徨，有多少无奈，有多少惆怅。

然而，无需忧伤。同一个圆上，终点即起点。响亮的金黄，将眼睛照亮。任何时候，都要活得自由而奔放，活出自己的精彩和辉煌。

渐变的色彩，斑驳点点。时间隧道的波光，幽深、悠长……

仰望天空，大雁飞翔。金色的树叶，金色的庄稼，金色的稻场，一派金色的秋天景象。

春华秋实，这是丰收的季节。画名"秋实"，藏书票上刻写"俊萍读书乐"，可视为张俊萍的自画像。读书是快乐的，读书让人成长，读书让人丰满，读书给人一双知识的翅膀，将理想和向往带到更遥远的地方。

春播秋收，一分耕耘一分收获，想必画家是有感而发。快乐读书，勤奋创作，最终给她带来艺术的丰收，带来秋天的累累硕果。

◆ 俊萍藏书·籽归一

张俊萍2013年作

◆ 俊萍藏书·籽归三

张俊萍2013年作

◆ 俊萍读书乐·秋实

张俊萍2016年作

黎静波：传统与现代的统一

在深沉的底色上，洁白的荷花亭亭玉立，含苞待放。一方绿波碧池恰切地契合了票主"小波"之名。

《诗经·陈风·泽陂》曰："彼泽之陂，有蒲与荷""彼泽之陂，有蒲菡萏"。这里所说的"菡萏"，正是黎静波这张藏书票中所描绘的荷花花苞，古人称未开的荷花为菡萏。

构图简洁而意旨深远，表现手法既传统又现代，有一种引人入胜的艺术效果。

◆ **小波之书**

黎静波2000年作

冯云霞：意象纷呈

蜉蝣是生命只有一天的小虫子，所以以蜉蝣一梦形容生命（包括生活、事件、经历等）就像蜉蝣做的很短的一场梦。

冯云霞的《蜉蝣一梦》藏书票想象丰富，意象纷呈，以寓言般的艺术语言表现人生哲理。

◆ 蜉蝣一梦

冯云霞2017年作

刘琛：以小见大

　　刘琛创作的藏书票画幅极小，只有邮票大，但以小见大，树下的两个人物更是微型人物，却清晰可辨，足见刘琛把握形象的深厚功力。

◆ **刘琛书票**

杨齐福：一枝梧桐伸进窗

一枝梧桐伸进窗口。书桌上几本书，一个笔筒，一沓文稿。这是云南白族画家杨齐福在2000年为平幼泉创作的一张藏书票。

收藏爱好者平幼泉于20世纪末自费创办藏书票民刊《梧桐阁》，在中国藏书票界闻名遐迩，很多藏书票艺术家都自发为他创作了藏书票，以示支持。这些藏书票上大多有一枝梧桐，或一树梧桐。

杨齐福创作的此张作品和刘硕仁等画家创作的同票主藏书票构图不约而同，画面上部也有一枝梧桐探进，色彩悦目，风格谨严写实。

◆ 平幼泉书斋

杨齐福2000年作

周新如：春华秋实

　　周新如在1998年创作的这4张藏书票，撷取四季有代表性的植物，《春》是植物发芽，《夏》是万物茂盛，《秋》是果实，《冬》是凋零。

　　《春》《夏》《秋》《冬》藏书票采取圆形构图，以现代派的抽象表现手法，每张刻画一个少女，超现实地表现四季之美。

◆ 春　　　　　◆ 夏

◆ 秋　　　　　◆ 冬

周新如1998年作

蔡金章：木刻的水墨晕染

香港藏书票艺术家蔡金章创作了一系列以花卉和果实为题材的藏书票，仅笔者收藏的就有十多张，这是其中的《黎明所藏》和《朴园书屋》，从中可见其花果藏书票的艺术风格和水印木刻的水墨效果。

◆ 黎明所藏   ◆ 朴园书屋

蔡金章2000年作   蔡金章2000年作

孙玉洁：旧瓶装新酒

　　连年有余是传统民间年画中常见的题材，图中的莲花和鱼谐音取意"连年有余"。

　　孙玉洁将民间年画题材引入藏书票，但构图与年画绝不雷同。票中将一截莲藕置于下面，中间一尾大鲤鱼，上面是莲叶和一朵莲花，下面的莲藕上刻写四个字"世纪纪念"。这一造型是年画中没有的，可以说，孙玉洁的《连年有余》是旧瓶装新酒的创新。

◆ **连年有余**

孙玉洁1999年作

魏泽崧：枝叶纷披寓春意

　　打开的书上，一只手捏着一支铅笔，两只小鸟扑棱着
翅膀飞来，上图刻画一棵绿树枝叶纷披。画面动静结合，
春意盎然，富有书卷气。从下往上渐变的绿色色调，令人
赏心悦目。

◆ **泽松珍书**

魏泽菘1998年作

郁田：雨后春笋

1998年，在教育部艺术教育委员会领导下，中国藏书票中小学联合会在深圳成立。当时居住和工作在深圳的郁田难抑兴奋之情，创作了这张祝贺中国藏书票中小学联合会成立的纪念藏书票。

彩虹满天，彩云飘拂。绿色大地是一本打开的书，象征中小学生是祖国的未来和希望。两棵竹笋在绿色大地上拔地而起，象征中国藏书票中小学联合会这一新生事物的诞生。

藏书票被称为"书中蝴蝶"，绿色大地上彩蝶飞舞，寓意美称"书中蝴蝶"的藏书票在中国大地蓬勃发展。

◆ 中国藏书票中小学联合会

郁田1998年作

刘硕仁：梧桐和书

　　《梧桐阁》是藏书票收藏家平幼泉自费创办的一份介绍藏书票的民间小刊。邮票设计家、藏书票艺术家刘硕仁创作这张藏书票，以一棵梧桐树和一本书构图，表达对平幼泉藏书票民刊的支持和鼓励。

◆ **梧桐阁**

刘硕仁1998年作

于文雅：富有刀韵之风

　　新疆版画家于文雅于1986年创作了《文雅藏书》，在黑底上阴刻5朵绽放的喇叭花，构图错落有致，富有刀味韵味。

于文雅1986年作

龙开朗：紫荆花喜庆回归

　　紫荆花是香港区花。维多利亚港游轮乘风破浪，香江岸边的国际化大都市建筑鳞次栉比，天空祥云朵朵，中间是一朵象征区徽的紫荆花，下面刻写六字："迎接香港回归"。

　　《迎接香港回归》是贵阳版画家龙开朗于1996年在香港回归前夕创作的一张藏书票，一朵紫荆花，表达对香港回归祖国的庆贺和喜悦之情。

◆ **迎接香港回归**

龙开朗1996年作

墨菊：荷叶亭亭如盖

博古架上的古董和书桌上的图书，表现出书香雅意。一片荷叶亭亭如盖（或荷叶造型的留声机喇叭），占据大半个画面。自如的刀法，流利的线条，表现了黑白木刻的魅力。

◆ 洪汇藏书

墨菊2000年作

郝伯义：别具一格

　　已故北大荒版画家郝伯义创作的这张《蘑菇》藏书票，以黑色、绿色和灰色表现蘑菇，别具一格。下部红色的篆书文字，显示作者深厚的刻版功力，更增添了这张藏书票的雅致。简单的构图，丰富的色彩，留下了隽永的艺术魅力。

◆ 蘑菇

郝伯义 1999年作

许汝良：情趣盎然

　　老版画家许汝良于1990年创作的这张《许涛珍藏》藏书票，刻画一只金龟虫在一朵大大的蘑菇上爬行，将蘑菇啃噬了几个破洞，画面夸张，情趣盎然。

◆ **许涛珍藏**

许汝良1990年作

王嵘：出神入化

《98上海旅游节纪念》是上海藏书票艺术家王嵘于1998年创作的一张藏书票，作为1998年第九届上海旅游节的纪念书票。

画面上刻画一枝桂花，两只蝴蝶逐香飞舞，左边刻写一句诗："清风一日来天阙，世上龙涎不敢香。"出自宋代诗人邓肃的《木犀》。诗中赞誉桂花的香味，"龙涎"取自抹香鲸，是名贵香料，可是与桂花一比，竟也"不敢香"，可见桂花香味之浓郁。

王嵘采用石刻技法，线条精致，尤其蝴蝶纤细的须和足刻画得出神入化，显示了画家精湛的石刻功力。

◆ **98上海旅游节纪念**

王嵘1998年作

冒怀苏：秋之乐

　　《听枫阁藏书》为已故上海版画家冒怀苏于1988年
创作。画面中的三片枫叶，采用红、黄、黑三色，色彩鲜
明。底纹为高雅的浅灰色，衬托枫叶如秋天飘荡的音乐，
富有明快的旋律和深沉的节奏感。右边"听枫阁藏书"五
字书法，增添了藏书票的雅致。

图书在版编目（ＣＩＰ）数据

兰叶葳蕤桂华皎 : 植物芳菲 / 陈瑀 , 沈泓著 . —
天津 : 天津教育出版社 , 2024.6
（书中蝴蝶 : 中国当代藏书票）
ISBN 978-7-5309-9043-8

Ⅰ . ①兰… Ⅱ . ①陈… ②沈… Ⅲ . ①藏书票 – 中国
– 图集 Ⅳ . ① G262.2-64

中国国家版本馆 CIP 数据核字 (2024) 第 093264 号

书中蝴蝶：中国当代藏书票
兰叶葳蕤桂华皎：植物芳菲
SHUZHONG HUDIE ZHONGGUO DANGDAI CANGSHUPIAO
LANYE WEIRUI GUIHUAJIAO ZHIWU FANGFEI

出 版 人	黄 沛	丁 鹏
作 者	陈 瑀	沈 泓
选题策划	王轶冰	
特约策划	丁 鹏	
项目执行	常 浩	
装帧设计	杨 晋	
责任编辑	常 浩	张 清

出版发行	天津出版传媒集团	金城出版社有限公司
	天津教育出版社	
地 址	天津市和平区西康路 35 号	北京市朝阳区利泽东二路 3 号
邮政编码	300051	100102
经 销	新华书店	
印 刷	鑫艺佳利（天津）印刷有限公司	
版 次	2024 年 6 月第 1 版	
印 次	2024 年 6 月第 1 次印刷	
规 格	787 毫米 ×1092 毫米 1/32 开	
字 数	180 千字	
印 张	11	
定 价	88.00 元	

◆ 听枫阁藏书

冒怀苏1988年作